古流へのいざないとしての

杖道打太刀入門

杖道範士
松井健二

推薦のことば

日本古武道振興会会長
根岸流手裏剣術五代宗家
桑名藩伝山本流居合術十五代宗家
齋藤　聡

現代武道の剣道、柔道、居合道などの源は古武道ですが、現実は古武道の豊かな修行体系から離れていて残念に思っています。古流の多くは単に技法だけに留まらず心法も合わせ含んでおり、技法は剣、柔、居合、槍、棒杖術などを内容とする総合武術として伝えられてきました。私の手裏剣術元祖の松林《まつばやし》蝙也齋《へんやさい》は名高い剣の名人ですが伝書を見ると、槍、薙刀、棒杖術を含む総合武術体系となっております。また、流祖の根岸《ねぎし》松齢《しょうれい》の手裏剣術も単に手裏剣術だけでなく刀術と組み込みになっています。私の山本流居合術も名称は居合ですが、刃引きの刀で打ち合う古流剣術で技法の中には柔術を加えた業もあります。私の場合、戦前は居合が表看板でしたが、戦後は刀を刃引きするのが勿体なくて裏看板の手裏剣術が表看板になりました。このように多くの古流は総合武術体系を旨とし武術の教授のみならず学問を奨励し人間形成を目的とする総合的学びの場において伝統武芸の社会的存在意義を自覚し継承してきたものです。

本書の著者の松井健二先生は、全日本剣道連盟杖道範士八段として杖道界の中心的指導者であるばかりでなく、我が日本古武道振興会創立から戦後の復興に至る最大の功労者であった清水隆次師範に学ばれ、師の他界後に乙藤市蔵師範から神道夢想流杖術の免許皆伝を受けた神道夢想流杖術道統の現存のお一人でもあります。その繰り出す杖の冴え、併伝されている神道流剣術の切れの鋭さは神妙を極め、あまつさえ浅山一伝流の剣・居合や無比流居合の蘊奥をも尽くされています。そして文武を車の両輪と説いている武芸者でもあります。

本書の特徴は打太刀の位（上位の者が下位の者に教える）と太刀遣いの理解が希薄になっていることに対する警告の書でもあります。つまり古流で大事にしている基本が成ってないということです。あの柳生十兵衛が「月之抄」で引用している古歌「なかなかに里近くこそなりにけりあまりに山の奥を訪ねて」の通り、極意を求めて辛酸を嘗めて修行してきたが、初期の頃の基本の中に極意のあることに気が付いたということにも通じます。

昭和三十年代の古武道界を詳しく知る者は、今や松井先生と私ぐらいになってしまいました。多くの古流の先生方と親しく信じ合い、古を偲び尊く思い合った当時のあの自由闊達さと熱気を松井先生が呼び起こしてくれるのが本書です。松井先生が杖道の打太刀の解説を通して古武道界、現代武道界の両界に鬱積した思いの一端を蒼天に開け放った本書は両界の橋渡しとして、また武道を学ぶ方々に新たな修行の始まりを告げる雷鳴ともなりましょう。

平成二十三年四月吉日

はじめに

全日本剣道連盟杖道（以下、「全剣連杖道」と記す）の基となった神道夢想流杖術は、棒杖術を伝承する古武道の一流派です。宮本武蔵とほぼ同時代を生きた夢想権之助を流祖とし、杖術はもちろんのこと、剣術（伝えられた「八通大太刀」と「四通小太刀」を併せて「神道流剣術」と称している）をも伝えて来ました。およそ四百年の歴史を通して、明治維新までは黒田家福岡藩の男業（福岡藩独特な呼称で、福岡藩における下士・足軽を中心とした捕り方武術である杖・捕手・縄の三術の称）の中心の武術として伝えられ、無頼の徒からは「黒田の杖」（福岡藩に伝承された各流の棒杖術の総称）と恐れられて来ましたが、残念ながら江戸や上方において広く学ばれることはありませんでした。廃藩置県後、福岡藩の男業のうち捕手と縄の正系が惜しくも断絶するなかで、神道夢想流杖術（太刀対杖の六十四本の形と十二本の剣術形）のみがその正系の命脈を保ち、今日まで連綿と伝えられていることは誠に希有なことというほかはありません。

明治以降、福岡において神道夢想流の道場を開いて門弟を育成し、その術技を伝えられたのは、白石《しらいし》範《はん》次郎《じろう》先生（一八四二〜一九二七）ただお一人でした。明治から昭和までを橋渡しされた白石先生の鉄槌を受け現代に伝えられたのが、高山《たかやま》喜六《きろく》先生、清水《しみず》隆次《たかじ》先生、乙藤《おとふじ》市蔵《いちぞう》先生です。高山先生が亡くなられた後、福岡にあって白石先生の伝えられた教えを頑なまでに生涯墨守されたのが乙藤先生でした。一方、福岡という一地方に伝承された神道夢想流を、昭和五年に本格的に上京されて以来、綺羅星のごとき当時の剣道家にその存在を知らしめ、生涯をその普及に捧げられたのが清水先生でした。清水先生は「位の清水」「杖で天下を取った男」と言われていますが、謙遜と謙譲をもって生涯の美徳とされて、剣道界をはじめとする各界との深い信頼関係を築かれました。清水先生の全国への献身的な普及活動こそが、今日の全剣連杖道の濫觴《らんしょう》でもあります。

しかし、それに先立っての剣道界への浸透という点では、白石先生の一世代先輩に当たる内田《うちだ》良五郎《りょうごろう》先生（神道夢想流杖術免許皆伝。一八三七〜一九二一）により、明治の三十五年頃には東京でも知られるようになっていたことも大きな意味を持ちます。福岡から東京に移られていた内田先生は海軍士官倶楽部であった水交社においての同門の後輩竹内幸八（同免許皆伝）との演武を契機に注目されることとなり、後に小美田隆義（大日本武徳会の創立に参画）の邸内の道場などで杖術を教授されました。その中には司馬遼太郎の小説『坂の上の雲』にも登場する八代六郎などの海軍軍人の姿もありましたが、特記すべきは後に大正・昭和の剣聖と謳われた中山博道師範（一八七三〜一九五八）も大正の初めまでには内田先生から杖術を学ばれていたことです。このことは、今日の全剣連杖道の普及指導や稽古の在り方から見ても、実に重要な示唆を投げかけているように思えてなりません。

中山博道師範が、杖術（杖道）を学ばれ、剣道・居合道・杖道の三道の範士になられたことは、よく知られています。そして、次のように杖術について述懐されていることも夙《つと》に知られています。

「私は青年時代に、神道夢想流杖道（杖術）の師範内田良五郎先生より杖道（杖術）を教わって、初めて剣道の裏が判った。それに杖独特の手の内、足の捌き、体のこなし方等を覚え、剣道の稽古中にも杖道（杖術）の技を生かし、それがために私は大いに得るところがあった。」

「神道夢想流杖術のように良く出来た形はない。それで私はこれを習った。神道夢想流杖術は、実に国宝的な武道だ。」

（口述中山博道、筆記中山善道『神道夢想流杖術解義』）

神道夢想流杖術の特性と、そして剣道家が杖術もしくは杖道を学ばれる意義は、この中山博道師範の述懐の中にほとんど尽くされていると言っても過言ではありません。しかも私にとって大変に恐ろしく思われるのは、これは現代の剣道や杖道の通常の稽古だけからは決して出て来ない、あるいは届かない発言だからです。

先ず、中山師範が内田先生に入門され杖術の教えを乞われた時、中山師範は既に根岸信五郎の下で神道無念流の免許皆伝であり、しかも本郷真砂町にご自身の道場をも構えていました。そうした立場にありながらも内田先生に入門されたということは、道を求める者として誠に尊い姿勢です。これまでの修行の経緯や社会的な立場も名声も、今まで身に付いて常識と思っていた事柄も、何もかもひと先ずは置き去り置き捨てての上でなければ、本当のことは何事も学ぶことはできません。

かつてはそれが道を学ぶ者にとっては当然のことだっただけでなく、現代においても必要なことです。知性的な誤りは糺《ただ》すことは容易かもしれませんが、情緒的なしがらみや身体に長年染み込んだ癖を取り外すことは決してたやすくはありません。中山師範は杖術だけでなく、各派の古流剣術、各派の居合、槍術、弓術、柔術なども学ばれましたが、その度に己れを空しくして稽古されたはずです。このことは、現代において武道を学ばれる方々もしっかり心得ていただきたいことの一つです。また、内田先生も、神道夢想流杖術だけでなく、小野派一刀流剣術、宝蔵院流槍術、汲心流柔術、一角流捕手術、を学ばれていずれも免許皆伝、馬術、弓術、砲術などにも通暁《つうぎょう》されて、居合にも精通されていました。中山師範は、内田先生から杖術ばかりか居合も厳しい教授を受けられていたことはよく知られています。何よりも謙虚な姿勢と、広範な学びが先人達の稽古を支えていたのです。

次に、中山師範はじめ内田先生に学ばれた先人達の稽古そのものにも驚かなくてはなりません。当時は当然のことながら全剣連杖道というものはなく、昭和五年に清水先生が古流の技より考案された杖の基本もありません。古流の神道夢想流の形をただそのまま稽古されたわけですが、幕末までにはほぼ完成していた竹刀剣道の足の運びとは全く異なった足捌きや腰の捻りなどが必要な杖術の稽古を難なく受け容れられるという、先人達が身に付けていた身体能力の幅にも留意する必要があると思います。現代では、古流の神道夢想流の基本の姿である腰を落としての半身の構えをいきなり取らせれば、大半の方々の中にはそれだけで自分の身体の正中線がどこにあるのかも分からなくなります。また、現代の剣道に長年親しんで来られた方々の中には、時として立腰のまま腰を落とせないだけでなく、半身の構えもできない、左右の足を交互に出すだけで上半身がふらついたり浮き上がったようになってしまうことも見受けられます。古流よりも腰の位置の浅い全剣連杖道においても同じことが言えます。

ここで考えねばならないことは、内田先生や中山師範などの先人達には身体の運用についての共通の理解があったということです。そしてそれを可能ならしめていたものは、各流派や手に執る武器は違っても、剣そのものへの理解であり、木刀や真剣による太刀遣いについての稽古の積み重ねだったのではないではないでしょうか。しかし、その太刀遣いや足捌きなども、現代の剣道の竹刀中心による稽古からは、いつしか忘れられてしまったように思われてなりません。

古流武術の一流派である神道夢想流杖術を基としつつ、新たに全日本剣道連盟により昭和四十三年に古流の棒杖術を伝えるどの流派にも公平公正を宗として制定されたのが、全剣連杖道です。今や全剣連杖道は全国に普及し、中学生から高齢者に至るまで老若男女の別なく日夜稽古に励んでいます。

全剣連杖道は「杖」と「太刀」を武器とする武道ですが、杖と杖、太刀と太刀という組み合わせは無く、杖を執る者（仕杖）と太刀を執る者（打太刀）とが相組み、必ず仕杖が打太刀を制するという十二本の「形」の稽古に終始します。形稽古という特性によって、基本をしっかり身に付けたならば個人的な体位による不利益も少ないので、これまで武道を学んだことのない方々にも入門が比較的に容易な武道となっています。また、全剣連杖道の基となった神道夢想流杖術の「人を殺さず、傷つけることなく、しかも己れの身を全うする」という近世以降の基本理念が全剣連杖道にも脈々と受け継がれていることも、今日多くの共感を呼んでもいます。ただ、神道夢想流杖術が基になってはいますが、かつては杖術と併せて稽古されて来た神道流剣術などは、全剣連杖道には残念ながら組み込まれず、一般の方々には教えられることはありません。全剣連杖道の成立の過程と全剣連杖道形十二本については、『全日本剣道連盟「杖道」写真解説書―改訂　杖道入門』（米野光太郎監修、松井健二編著。体育とスポーツ出版社刊）に詳述している通りです。

私は、先に内田良五郎先生と中山博道師範の間では、身体と剣についての共通の理解があったに違いないと述べました。それは全剣連杖道の基となった神道夢想流杖術は、杖のみの稽古に明け暮れたのではなく、必ず杖は剣の稽古と共にあったからです。しかし、現在の全剣連杖道では必ずしもそうなっていないところに、現代の剣道家と杖道家との間で時に齟齬や誤解が互いに生じ易くもなっています。

そこで、古伝古流としての神道夢想流杖術と全剣連杖道とのはっきりした相違点の幾つかを思い切って明らかにすることで、今日の全剣連杖道についての誤解、乃至は稽古において見落とされて来たことを幾分なりとも整理し、全剣連杖道の日々の稽古をより深い学びの場にしてみたいというのが、本書執筆の理由の一つでもあります。そしてまた中山博道師範が杖道を学ぶことによって高く評価された「剣の裏」「杖独特の手の内」「足の捌き」「体のこなし方」「杖の技を生かし」等々を、杖道のみならず剣道においても再発見していただきたいという願いでもあります。

では、古伝・古流の神道夢想流杖術と全剣連杖道とにおいて明らかに相違してしまっていることとは何かと言えば、太刀遣いの稽古が今日の全剣連杖道の稽古体系の中からすっぽりと欠落してしまっているということです。それは端的に言えば、「打太刀」の位と太刀遣いの理解が極端に希薄になってしまっているということでもあります。先に少し触れたように、神道夢想流では杖遣いの稽古は太刀遣いの稽古と共になされて来ました。これは神道夢想流に限ったことではなく、棒杖術を伝承される他の古流においても当然のことでした。剣の遣い方がいい加減であれば、杖の遣い方があやふやなものになるのは自明なことです。

全剣連杖道から古流神道夢想流杖術へ、あるいは逆に古流神道夢想流杖術から全剣連杖道へと、相互の学びと理解を深めるうえにも、先ず手掛かりとなるのは、杖の遣い方以前にむしろ太刀の遣い方を含めた打太刀の理解にこそあるのではないでしょうか。

本編においても詳しく述べたいと思いますが、打太刀の在り方に対する理解が、古流と全剣連杖道とでは大きく違って来てしまっています。古流においても全剣連杖道においても、「打」（攻撃方）が太刀、「仕」（受方）が杖であることは変わりません。しかも全剣連杖道では稽古の最初から仕杖・打太刀を同時に学んでいくことから、ややもすれば仕・打が対等のように誤解する人も少なくありません。しかし、古伝・古流の神道夢想流杖術においては、現在の全剣連杖道のような多人数での稽古体系もありませんし、まして仕・打が交替しておこなわれる試合形式もありませんでしたから、当然、稽古における杖と打太刀との関係は対等ではないのです。古流では、打太刀が杖を育てるという考えに基づいており、打太刀を許された者は杖よりも技量において上位と認識されていました。特に神道夢想流では、剣は「師の位」とも言い、稽古の際には目録以上の者にしか打太刀をすることは認められていなかったのです。

杖と打太刀とが同等同格ではなかったということは、打太刀をする者は仕杖をする者よりも錬達した杖遣いであると同時に優れた剣術遣いでもあったわけです。さもなければ、剣が杖を育てるということはできないからです。

これに対して全剣連杖道においてはその成立と制定の過程の中で、いつしか太刀は剣道、居合は居合道、杖は杖道という謙譲による暗黙の棲み分けを、杖道自身がしてしまっているように思われます。杖には形の前に基本の稽古がありますが、太刀には基本の稽古は定められていません。したがって生まれて初めて木刀を手にする者も、最初からいきなり打太刀と仕杖とを同時に教わる稽古体系になっており、なおかつ杖を中心に教わって剣遣いを基礎から学ぶ機会がない場合も多く見受けられます。なかには杖道なのだからと言って、剣の基本を学ぶことに関心の薄い者もいます。このため、先人達に比べて、現代において杖を学ぶ者の剣の技量は指導者をも含めて著しく低下しているのが現状と言わざるを得ません。古流はもとより全剣連杖道においても、剣に対する真摯な追求がなければ、杖の進歩もまたあり得ないのです。私自身も神道流剣術を含めての古流神道夢想流杖術を体現したいがために、鹿島神流をはじめとして優れた各古流の剣術に常に瞠目しつつ、無比流や浅山一伝流の剣術・居合などを学んで来ました。

かつて文字通りの真剣勝負がおこなわれた時代では、杖の相手となる剣は何流とも知れず、抜き放たれた剣だけでなく、居合、その他の武器が相手ということも、体術が相手のこともあります。幕藩時代までの杖の術者は、当然剣術も居合も体術も学んでいたのです。

したがって、真の杖術を学び、体現しようとする時、剣の本質はいかなるものかを心得て、広範に学ぶ必要があります。それは全剣連杖道の範囲であっても同じであると私は考えます。杖に対する剣の在り方を追求することは、先に引用した中山博道師範がいみじくも述懐された神道夢想流の特性を少しでも探る糸口でもあり、剣を少しでも深く学ぼうとすることによって全剣連杖道もより豊かなものになると信じるからです。

本書においては、全剣連杖道の打太刀を入口としつつ、随所に古流神道夢想流の打太刀の位と太刀遣いをも説くこととなりますが、剣を遣う上で知っておくべき剣（日本刀）の特性、身体論をも含めた太刀遣いの基礎、古流と全剣連杖道で打太刀をおこなう上での留意点などもできるだけ易しく述べたつもりです。いずれにしても、本書では私は古伝・古流の神道夢想流杖術の立場から、副題にもあるように「古流へのいざない」として、全剣連杖道の打太刀のあらまほしき稽古の姿を説くこととなります。他の古流棒杖術を伝承されている先生方には、いずれの流派にも偏しないことを宗とする全剣連杖道を自派の喧伝に用いているとのお叱りもあろうこととは存じますが、全剣連杖道の成立の過程に鑑み、この矛盾に対するご寛恕をお願いする次第です。

また、本書で述べることは古伝・古流の神道夢想流に伝わった打太刀を通しての私なりの剣の理解であり、時には全日本剣道連盟における剣道・居合道の理解とは必ずしも一致しないかもしれません。さらには、古流の剣術や抜刀・居合術、棒杖術等々を伝承されている先生方とも、その技法や理合において異なる見解もあるかもしれません。あくまでも、神道夢想流杖術の稽古を通しての理解であると、お受け取りいただけましたら幸いです。

なお、内田良五郎先生や中山博道師範が活躍された頃とは、現代人の生活様式は打って変わったものとなっています。かつては武術を学ぶに際して先人達が前提としていた身心論とこれに基づく鍛錬法なども徐々に忘れ去られ、近年では古武道の世界においてもそうしたものに触れる機会もほとんどなくなっているというのはとても残念なことです。本書の巻末では、初心者でもこれくらいは知っておいてほしいと思う基礎的な事柄の幾つかを取り上げてみました。宗教的な行法の一端にも触れていますが、いずれも先人達が武術を極めようとした修行の中でおこなわれて来たことなので、偏見を抱かずに身心学道の一環としてお読みいただきたいと思います。

本書のうち「Ⅰ　杖道の打太刀」は月刊『剣道時代』（平成二十二年一月号〜四月号）に連載し

たものに加筆しました。

本書の刊行に際し、多年ご厚誼を賜わる日本古武道振興会会長・齋藤聰先生からは誠に身に余る序文をお寄せいただきました。根岸流手裏剣術五代宗家として、また桑名藩伝の山本流居合術十五代宗家としてもご多忙を極めるなかで、本書の内容に逐一お眼を通された齋藤先生からは、実にさまざまなご示唆をも直接頂戴することができました。深甚なる謝意を表します。

本書が杖を学ぶ者、あるいは剣を学ぶ者の初歩的な指針となることを願って已みません。大方のご批判を賜れれば幸甚です。

平成二十三年四月二十日

松井健二

なお、古流と現代杖道を詳細に学びたい方は、左記の書を参照して下さい。

〈参考文献〉

『天真正伝　神道夢想流杖術』乙藤市蔵監修　松井健二編著　壮神社刊　ホームページ http://sojinsha.com　（税込価格九、九九一円）

または取扱店　㈱たにぐち書店　フリーダイヤル：〇一二〇―八一一―八一三
フリーFAX　：〇一二〇―八一一―八一七

『全日本剣道連盟「杖道」写真解説書―改訂　杖道入門』米野光太郎監修　松井健二編著　体育とスポーツ出版社刊　ホームページ　http://taiiku-sports.co.jp　（税込価格三、五〇〇円）

体育とスポーツ出版社　電　話：（〇三）三二九一―〇九一一
FAX：（〇三）三二九三―七七五〇

杖道打太刀入門／目次

撮影＝徳江正之
カバー装丁＝岩田次男
本文デザイン＝石山組版所
イラスト＝橋本裕孝

I　杖道の打太刀

(1)杖道の打太刀の特異性

杖と太刀という武器の相違

杖道は、形稽古に終始し、稽古形態が打（攻撃方）は「木刀」、仕（受方）は「杖」という武器そのものの形態が相違することに特性があります。

通常、お互いの武器が同形態の場合、「形」というものはその成り立ちをよく知った上での約束事としておこなわれます（例・日本剣道形や各古流の剣術等）。

しかし、杖道の場合、片や「平で反りがあり、切れ、刺さる太刀」、片や「真っすぐの丸棒で、切れない、刺さらない、しかも鍔がない杖」です。

そのため、全剣連杖道の場合、その基となった神道夢想流（元の古伝。普及形の古流とは相違）では約束事の「形」といえども同形態の武器同士におけるような約束事ではなく、それぞれの武器の長短を利しての真剣勝負といえる実戦の色合いが強くあり、全剣連杖道という普及形になっても、その基本思想を踏襲しているわけで、それを忘れては杖道の持つ実戦的な本質の一面を曲げる、あるいは希薄化することになりかねません。

たとえば、「形」として打太刀と杖がお互いに中段に合わせたところから次の動作をする「形」が多いのですが、同形態の武器におけるような約束事ではなく、動くだけの理由が隠されています。

ただし、これは口伝であるため、普及形である全剣連杖道の範囲では分かり難いところでもありますが、広範な学びと稽古を通して、それぞれの形や術技の根底にはこうした意味もあることを心に留めていただきたいと思います。工夫と気付きを要するところでもあります。

杖道における打太刀の役割

杖の相手の剣は何流と決まっていたわけではなく、何流かもわからない、だからこそ杖をやる者は、太刀遣いの勉強が不可欠だったのです。まして現代剣道だけが相手ではありません。

また、打太刀の特性も、特に八相の構えが全剣連の八相が手元の低い八相なのに対し、古伝においては一気に太刀風鋭く切り込む大八相（別名「耳構え」）です。さらに定められた所しか叩かない現代剣道と違い、切れる所を切る多様な剣なのです。

杖道における杖と太刀の関係は、「打太刀は師の位」と言われ、剣が杖を育てる稽古体系であり、太刀遣いがだめなら、杖も真の術技を体現できません。

そのため、太刀遣いは、何流にも共通する原則的な遣い方を幅広く学び、遣えねばなりません。当然ながら現代剣道ではほとんど使わなくなった回刀技術にも習熟する必要があるのです。

ところが、現実には現在の杖道の高段者には現代剣道の経験も少なく、古流の剣術についても「形」は知っていても、基礎の基礎すら知らない者も多くなったのが現状と言えそうです。

ある講習会で、筆者が某流における左足が前の払い太刀を示し、その原則を解説した時、その場にいた高段者が「あれは極意だ」と言いました。単純動作でも高度のものだから、すぐにはできないという考えです。しかし、それは短絡な結論です。何流においても、いちばん単純な用法が極意に帰結することは多くあります。

体の運用幅

杖の技の特性は、槍や長刀の用法ばかりでなく、武器が「切れない」「刺さらない」ことに起因する「押さえる」「引っ掛ける」等、体術的「崩し」を用いるところにあります。具体的には、「繰り付け」「繰り放し」等の技術に見られるような、「崩し」を目的とする技術や、「粘りをかける」等の体術的要素です。

したがって、打太刀はそれらの技術に対応できる柔軟な体術的体捌きも要求されることになり、歩幅が狭い棒立ちの体の運用では不十分ということになります。

筆者の師、乙藤市蔵範士は「正しいことは最初から」と言われました。

そこで本書では、先ず杖道の打太刀に必要と思われる身体運用の基礎的理解の在り方から詳細に説き起こしたいと思います。

⑵姿勢の留意点

日本人にとって良い姿勢とは

心ある体育学者は、現代日本人の立ち姿の重心が踵《かかと》側に下がり過ぎていることに警鐘を鳴らしているのをご存じでしょうか。

また、意外に知られてないことに、日本人の骨格の特性として腰椎4・5番と仙骨の部分が外国人、特に欧米人に比べて角度があるということがあります。したがって、西欧人と同じ立ち姿をした場合、日本人だけ腰に負担がかかっている、つまり動作をしてもそれがハンデになるということです。では日本人にとって良い姿勢とはどういうものでしょうか。

有名な宮本武蔵は、『五輪書』で次のように表現しています。

「身体の姿は、顔をうつむけにせず、仰向くこともせず、傾けず、ゆがめず、目はみださず、額にしわを寄せず、眉と眉の間にしわを寄せず。目の玉を動かさず、またたきをしないようにし、目を少し細めるようにして、表情はうららかに、鼻筋《はなすじ》は真っすぐにし、わずかに顎《あご》を出すようにする。首の後の筋を真っすぐにし、うなじに力を入れ、肩から下全体をバランス良くする。両肩を下げ、背筋を真っすぐにし、尻を出さない。膝から足先まで力を入れ、腰をかがめないようにする」（意訳）

首の後の筋を真っすぐにし、うなじに力を入れ、肩から下全体のバランスよくする。両肩を下げ、背筋を真っすぐにし、尻を出さない。膝から足先まで力を入れ、腰をかがめないように立ち、骨盤下部を前に出す。腰椎4・5番辺り（矢印）を叩き、臍の上方を前に出せるのはよくない

中段に構える場合、重心位置を拇指丘、小指丘の線にもってくると踵が床に着いていても踵に体重はかからない。場合によっては僅かに踵が浮く

ここで注意してほしいのは、間違った戦前の軍隊教育の延長線で言われるような「胸を張れ」とか「腰を入れろ」と言って腰椎4・5番辺りを叩き、臍の上方を前に張り出す姿ではないということです。有名な武蔵の自画像を見ればわかりますが、自然に両脇に下げた両刀の切っ先が前方で内側に入っています。これは胸を前に張り出していない証左であり、中国武術でいう「含胸抜背《がんきょうばっぱい》」の姿と同様の自然な姿です。

腰を入れるということ

腰を入れるということは、骨盤上部を前に倒すことではなく、正しくは反対に骨盤下部を前に出すことです。合気道の大澤喜三郎《おおさわきさぶろう》師範がかつて「男じゃろ。大砲を立てろ」というのを聞いたことがありますが、これが正しい。古い仏像もみなそうなっています。

坐禅においても「腰を入れろ」と言って、腰椎4・5番辺りを叩き、臍《へそ》の上方を前に出させる指導者が多いのですが、それでは臍の上部が張り出されて、臍が上を向きません。坐禅の姿の指南書には、『坐禅儀《ざぜんぎ》』が各宗派で用いられていますが、「鼻と臍《へそ》と対し」という表現が「鼻と臍が一直線になる」と解釈されてきたことにも問題があります。「対」とは「むかいあう」という意味です。この点については、某高名な禅の師家に申し上げたところ、すぐに次回の坐禅会から直されました。達磨大師以来、千数百年の伝統のある坐禅においても「腰を入れる」という実感はなかなか難しいことのようです。武道家の多くが誤解している現状も無理からぬことかもしれません。

一方、ここで表現されていないことに、立った場合の重心位置の問題があります。

これに関しては、武士社会で発展してきた「能」の立ち姿が参考になります。踵を床につけていても、重心位置が足裏の前方、拇指丘、小指丘の線にあります。これに関しては別項で触れます。

低い姿勢と身心の練りの関係

伝統的な武道を学ぶ時、よく理解してほしいことがあります。

日本の伝統武道の身体を考える場合、往昔の日本人は、生活上現代人の数倍も複雑多様な動作をしていました。特に「腰を落とす」「腰を入れる」「腰を据える」等の動作が日常的にありました。それは何も特別な生活ではなく、水汲み、薪割り、雑巾がけ等々、という生活のための当たり前の動作のことです。これらが期せずして武術に必要な下半身の練りの基礎を形成してきたと言っても過言ではありません。これは筆者の実体験からも言えることです。

これに対し、現代人は少しでも便利で楽な日常生活を追求するあまり、身体の練りどころか、身体を動かすという感覚までもが、すっかり希薄になったと言えましょう。

剣道においても、高野《たかの》佐三郎《さささぶろう》、中山博道といった達人たちは、剣道においてすらっとした姿で動作をしていても、生活上の体の練りと古流の形をしっかり学んだ練りが背景にあったはずです。

また、しばらく前に亡くなった、地唄舞の名手武原《たけはら》はんの「雪」の舞の立ち姿の美しさを否定する者はいないでしょう。しかしこの方は、若い時は地を這うような稽古ばかりだったと言います。

低い姿勢で練りに練った身心であるからこそ、すらっと立った立ち姿が質的に別物になったのだと言えると思います。中国武術に八卦掌《はっけしょう》という門派があり、通常の稽古形においては、極度に低い姿勢の動作を継続することはありませんが、基礎訓練では、丸テーブルの下を極度に低い姿勢で回る稽古をすると聞きました。

米軍の特殊部隊として有名なグリーンベレーも、腰を落とした訓練をすると聞きます。生死をかけた戦いや危険を前提としたら低い姿勢をとるのは洋の東西を問いません。

先人達に少しでも近づくための身体の練りをつくるには、先ずは低い姿勢の動作の積み重ねが不可欠で、現代日本人には、わけても武道を志そうとする人は意識的にそれを心掛けておこなうことが必要になったと言えるのではないでしょうか。

【図１】

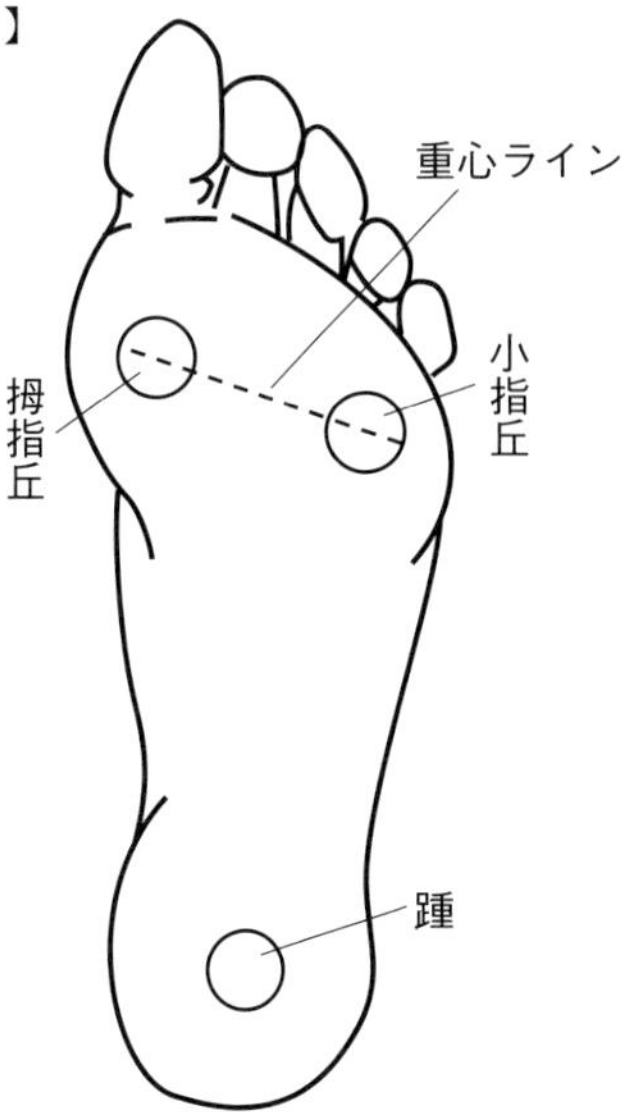

動作上の足裏の軸点は拇指丘、小指丘、踵の３点である

右足を出した立ち姿

太刀を両手で構える場合、中段では右足を前に出した形になりますが、問題はその場合の足裏の重心位置です。

武術的には足裏の３点を遣い分けるわけですが、（図１）に示した如く、重心位置を拇指丘、小指丘の線にもってくると踵が床についていても踵に体重はかからないことになります。場合によっては僅かに踵が浮きます。この状態を昔は「紙一枚入るぐらい踵を浮かせる」とも言いました。これができてこそ、自由度がある武術的な足と言えます。

一般的に、踵を浮かそうとすると、爪先立ちになり、その結果、体重を前足にかけ過ぎ、後ろ足の踵が浮き過ぎるのが常です。足裏を水平に近く遣い、足裏の重心位置を前にもってくれば、結果として僅かに踵が浮くはずです。

ここで大切なのは、重心位置が拇指丘、小指丘の線に来ることであり、仮に踵が接地していても、踵に体重がかからなければ良いということです。ここを勘違いして「踵は浮かさねばならない」と単純に決め込んでしまう人が多いのはいかがなものでしょうか。

わが国の「すり足文化」とは、足裏をほぼ水平に遣うのが基本であり、能の金春流《こんぱるりゅう》や礼法の小笠《おがさ》原流《わらりゅう》などは、その前提として「練り足」という訓練法などがあります。もちろんここで大切なのは、後ろ足により重心移動をし、引き付ける足は水平を保って引き付けることです。

これは、現代剣道であろうと、腰を落として四股《しこ》立ち、あるいは撞木足《しゅもくあし》で動作する古流武術であろうと、原則的には同じだと思います。

なお、柳生石舟斎《やぎゅうせきしゅうさい》に剣術を学び印可を得た異色な人物に能楽の金春七郎氏勝がいます。伝えられるところでは、金春からは「一足一見」という秘事を、柳生からは「西江水《せいごうすい》」という秘事を互いに交換し合ったと言います。この秘事の交換は興味深いものがありますが、恐らくは稽古においては足遣いについても師弟で話題にのぼったであろうと思います。稀代の剣術遣いと若き能楽師とが共に「芸」を学び合っていたのです。

歩幅は広く、腰を落とせ

次に歩幅の問題があります。

日本剣道形においては、足を前後に開いた歩幅は、「右足の踵の線に沿って左足の爪先を置くようにする。左足の踵を僅かに浮かせて体重を両足に均等にかける」としています。

しかし一般的には、歩幅が狭い棒立ちの姿は、体軸点を自覚し難いばかりでなく、気を落とした多様な動作も難しく、かつ、丹田形成も難しく、全身の練りが形成され難い特性があると言えます。

一方、居合道においては、真剣を用いるため、抜き付け、切り下ろし、納刀に至るまで、日本剣道形よりも歩幅が広く、腰を落とした上虚下実《じょうきょかじつ》の姿での運体となっています。杖道の打太刀も使用する武器が木刀といえども真剣の代用であることを考えれば、杖特有の技に崩されずに対応するためには、居合道における歩幅、腰の落としと同様のほうが望ましいと考えます。

普段腰を落とした稽古ができていれば、必要に応じて、立ち腰はすぐにできるはずです。一方、立ち腰の稽古しかしていない者は、腰を落とした動作は難しいものです。

形稽古上の具体的問題点

杖道の打太刀の歩幅が広くあるべきとする理由はいろいろありますが、現在の全剣連杖道の形十二本の中だけでも、稽古上問題があり、その幾つかを列挙します。

①「押さえ」や「横への崩し」への対処

前の項で述べたように、杖の技の特性は「繰り付け」「繰り放し」「体当たり」等に見られるように、近間での「押さえ」や「横への崩し」等が多用されます。

これらの技に対し、歩幅が狭い棒立ちの場合、打太刀は体を崩すばかりでなく、初心者にとっては危険であり、上段者においては杖の自然な技を引き出すことが難しくなります。

これも既述したように、杖道は打太刀が杖の技を育てる稽古形態ですから、打太刀が体を崩したり、あるいは力技でがんばってしまったり、居付いたりしたら、杖の軟らかい技を導けません。

②踏み込み足による不具合

打太刀の歩幅が狭い棒立ちの場合、どうしても踏み込み足に体重がかかり過ぎるため、不都合な場面が四ヶ所あります。

八本目「太刀落」、杖の打を受けて、頭上で太刀を回して、左足を踏み出して、仕の首に切り付ける時、どうしても左足に体重がかかり過ぎになり、体が居付き、自由度がなくなります。そうなったら、繰り付けの必要もないことになります。

十一本目「乱留」と十二本目「乱合」に、打太刀の仕の左胴への切り込みに対し、仕杖は「相打ちの先」で目の攻めをとりますが、棒立ちで前足に体重をかける者は、顔を上に向けて体を崩します。

さらに十二本目最後の場面で、太刀の面への切り付けを、杖は横に払って八相になり、右足を踏み出して打の水月を打つのですが、全剣連杖道解説書において打は「左に張られてやや半身となり、太刀を自然に下に下ろす。」

となっているのに、右足に体重がかかり過ぎの者は、体がやや半身にならないという弊害を生じています。

③歩幅を狭くしたための理合の希薄化

現代人が腰を落とせない立ち姿になってしまったため、普及用である全剣連杖道も腰をあまり落とさずに形稽古をする形態になったのですが、そのため理合が変わってしまったところ、希薄化したところが随所に生じました。

これらについては、古伝（注・普及用に変更された部分が多い古流とは相違）を学ばないとわかりませんが、打太刀が切っていく場所と間が変更されたところが多くあり、より高度な古伝に移行できるようにするためにも、平素の稽古は歩幅を広く、腰を落とすべきと考えます。

⑶足遣いの留意点

重要な軸感覚と回転技術

運足の前に理解しておく必要があることとして、軸点の問題があります。

杖道は多様な剣遣いといっても、どのように多様なのかを理解しておく必要があります。既記したように、杖の術技の特性が、体術的な崩しを用いてくる以上、対者としての打太刀は、その崩しに対応し、崩されずに「師の位」を保てねばなりません。そのためには、歩幅を広くとり、かつ柔軟な体の運用をするために、足の軸点の回転動作を伴う捌きが不可欠です。

軸回転といっても、足裏をペタッと接地した場合、あるいは親指が接地した場合、体はスムーズに回転しません。ですから、足裏の接地面積はできるだけ小さくする必要があります。

あとで手の項でも解説しますが、手足の指はそれぞれ機能が違い、足の親指は強い反発力を有します。したがって、前足の親指を接地させると、それだけで運足にブレーキがかかることになります。

ひかがみ（膕。膝裏のこと）について

「ひかがみ」とは、膝裏のことを言います。剣道においても「後ろ足のひかがみを伸ばせ」と指導

されます。ひかがみが弛むと足の裏が見える形になり、腰に力が入らないからです。しかし、これはやみくもにつっぱり伸ばせということではありません。

　歩幅を取り、膝を弛め、仙骨で腰を前に押し出すと、後ろ足のひかがみに一定の張りができます。そのまま足の裏がほぼ水平に近い状態で動作することになります。当然ながら張っているとはいえ、膝は僅かに曲がったまま、運足することになります。

　剣道においても、堀口《ほりぐち》清《きよし》範士は、稽古の時、真後ろから見ていてまったく足の裏が見えなかったと言われます（棚谷《たなや》昌美《まさみ》範士談）。

片足だけで動かず、左右交互に使う

　剣道でも「踏み出す足」は前足から動き、「踏み切る足」は後ろ足で体を押し出し、踵は僅かにしか浮かないと言われます。まさにその通りなのですが、実際においては少し違うように思います。杖道の打太刀の場合は、剣道のように跳び込むことを前提としておらず、原則は歩み足です。したがって、「踏み切る足」は、左右交互に使えねばなりません。乙藤市蔵師範は、前に出る足はほとんど親指を浮かしており、後ろ足の指が大地をくいつつ、ひかがみを伸ばして体を押し出す踏み切り足を使っていました。

　この形がいちばん望ましい形だと思います。この足使いができると、間を切るという高度な技術にも進めることになります。

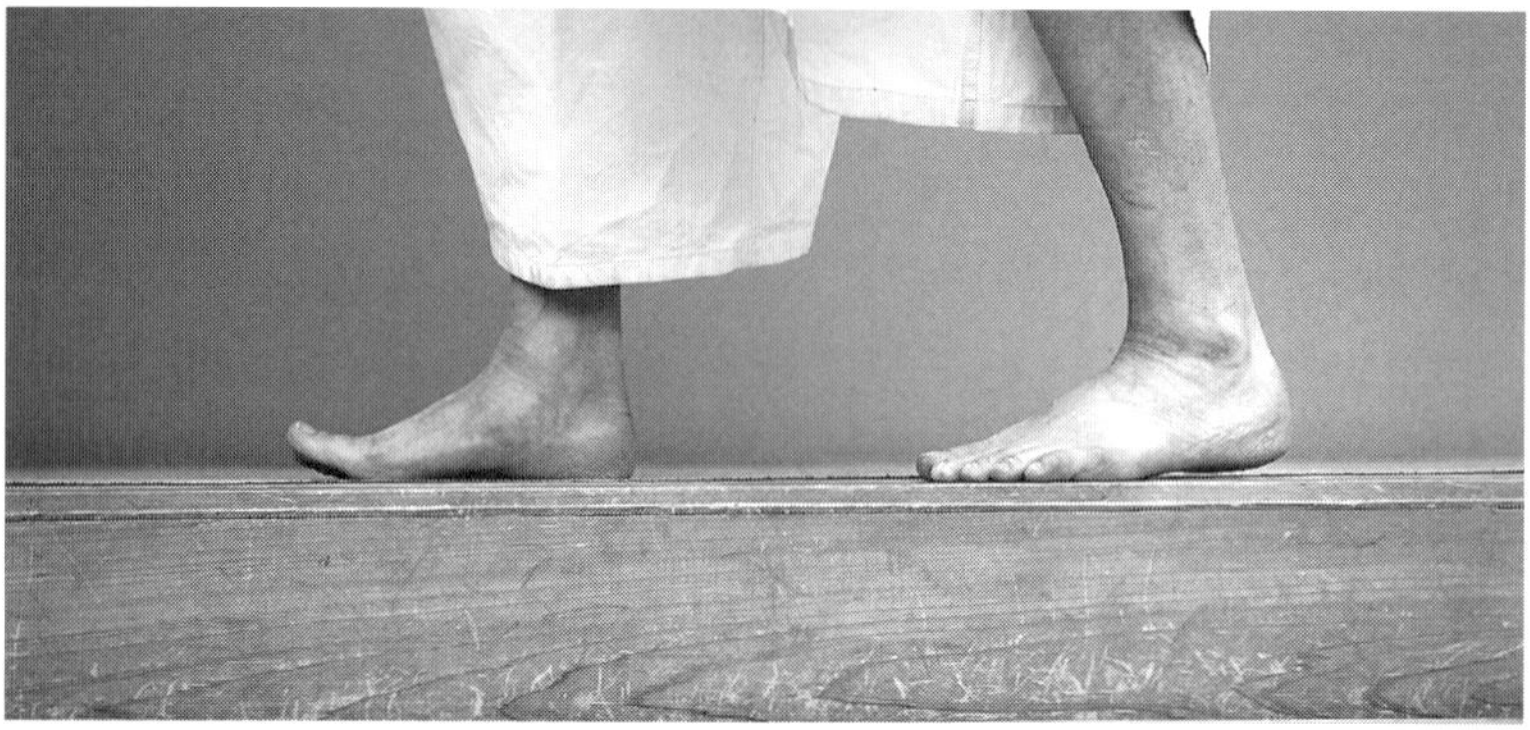

足の使い方　前に出る足はほとんど親指を浮かし、後ろ足の指が大地をくいつつ、ひかがみを伸ばして体を押し出す踏み切り足が望ましい

踏み出す足の親指を浮かせるということがイメージできない人は、奈良の法華寺にある、光明皇后をモデルとして作られたとされる十一面観音像（国宝）の足を見て下さい。写真も多数あるはずです。もちろん他の仏像でも足を踏み出す形のものは、親指を浮かしているものが多数あります。

そこで、再度宮本武蔵の『五輪書』から引用します。

「足の運び方は、爪先を少し浮かして、踵を強く踏むべきである。足の使い方は、場合によって歩幅の大小、あるいは遅速があっても、常に歩むようにする。

足使いには、飛び足とか、浮き足とか、踏み据える足などがあるが、この三種類はよくない足使いである。この運用の大切なこととして『陰陽の足』ということがあり、これが肝心なのだ。

『陰陽の足』とは、片足だけで動かないということである。切る時も、引く時も、受ける時も、すべて陰陽と考えて、右左右左と足を使い、決して片足だけで動いてはならない」（意訳）

ほとんど現代剣道には見られなくなった足使いですが、杖道における打太刀の足使いは、武蔵のいう通りなのです。

この文章中、特に理解が必要なのは「踵を強く踏むべき」というところで、これは踵をドンと強く踏めと言っているのではありません。これは踵が浮き過ぎることに対する否定であり、爪先を浮かせ、踵に重心がかからぬようにし、拇指丘・小指丘の線を中心に強く踏むと踵の前部に強い張りがきて、かつ前項に引用した「膝から足先まで力を入れ」という状態になり、ひいては下半身全体の筋肉が連動するようになります。この状態こそ杖道の打太刀の在り方として望ましい姿なのです。

撞木《しゅもく》の足遣いについて

撞木とは、仏具の鐘や鉦《たたきがね》などを打ち鳴らす棒のことで、多くはT字形をしています。撞木足とは、この撞木の形状にちなんだ呼び方です。現代剣道は、基本的に両足の爪先の向きが真っすぐ前に向く形が良いとされ、爪先が開いた撞木（逆八の字形）の足遣いは否定されています。

しかし、腰を落とした四股立ちで動作すれば、撞木の足遣いになります。古武道はいずれの流派においても足遣いは撞木の半身体勢で、動作は「右転左転して正対せず」とも言います。実は全剣連杖道の基になった神道夢想流もすべて撞木の足遣いの半身動作なのです。現代では撞木、半身にならないまま神道夢想流と称して演武、あるいは稽古をする方が増えましたが、これは古流の形を剣道系の体勢、動作でおこなっている普及形であり、元の神道夢想流から乖離《かいり》したものです。した

撞木足　現代剣道では否定されているが、古流では一般的な足遣いである

腰を落とした古流剣術の四股立ちによる平清眼

がって、それらは真の神道夢想流の術技の理合が失われた部分、あるいは希薄化した部分が多いのです。だから、真の神道夢想流の技を追求するのであれば、撞木の足遣いと撞木の利（理）を学ぶ必要があります。

とはいえ、現在では全剣連傘下としての審査会や大会においては剣道の尺度に準じざるを得ないのですから、元の古流を学ぶ者は足遣いと体勢を使い分ける必要があります。また、使い分けてこそ現代の流れに対応しながら古来の伝統を墨守することにもなるのです。

剣道においても、岡田守弘《おかだもりひろ》範士や柴田鉄雄《しばたてつお》八段は、両先生共に半身を原則とする鞍馬流《くらまりゅう》でしたが、剣道は正面向きで、古流は半身でというふうに使い分けておられました。また、現代剣道のように爪先を前に向けた跳び足では、アキレス腱その他の足の障害を起こすことが多く、古武道の撞木足の者は体術による以外、アキレス腱障害を起こした例を寡聞にして知りません。医学的解明がなされるのが待たれます。

杖道の打太刀に求められる身体操作

他項で述べたように、杖道の技には体術的要素が強くあるため、その打太刀を務める者には、体術的対応力が求められるのは当然です。棒立ちではすまないし、棒立ちの剣では真剣勝負に勝てません。

ですから、往昔の捕り手の者のように、捕り手術、柔術の心得がないと真の杖遣いの剣の術技になりません。

とはいえ、目下の全剣連杖道は体術の習得を前提としていないので、稽古上必要と思われる要点のみを抽出、列挙します。

①腰の抜き

杖道の形稽古においては、杖で剣を上から叩く、横に払う等の技が多用されます。これらの場合、打太刀が前足重心で手首、肘、腰を固めてしまうと、不必要なケガを生じる可能性が高まるだけでなく、杖の柔らかい技を引き出すことも難しく、当然剣技も進歩しません。ですから、手首と肘を軟らかく遣い、腰の抜きを学ぶ必要があるのです。この腰の抜きは、前足重心で棒立ちになる人はできません。重心位置が両足の真ん中辺りにあることが前提となります。また、腰の抜きということは、腰の回転でもなく、写真でもほとんどわからないと思われるので、工夫していただくしかありません。

②繰り付け、繰り放し、体当たりへの対応

杖道には剣の中柄を打ち上げて、剣の体勢を崩してゆく技が多用されます。この杖が中柄を打ち上げて来る時、多くの者が柄を握りしめてしまいます。この場面は、打太刀は瞬時に握りを脱力する訓練が必要です。全剣連杖道では、ケガさせないために杖を中柄に当てることになっているのですが、本当は打太刀の手の甲を打ち上げてくるのであり、その場合、打太刀は全身に痺れが走り崩れます。ですから、稽古上は抵抗しない形にするのが望ましいのです。

当然繰り付けられる時も、膝を軟らかく使って下半身全体を軟らかいスプリングのように使うことが大切です。肘を伸ばし過ぎるのもだめ、剣先を下に打ちつけないためにと、手元を縮め過ぎるのもだめ、上体が崩れるからです。

繰り放された時も、抵抗しない訓練が必要です。特に右手の握りが強い者は、繰り放された時、切っ先が開くことになります。右手を瞬時に脱力した場合は、切っ先が開くことになりません。重い真剣を使ってみればわかることです。

体当たりされた場合、体の前面に張りをつくらず、胸と腰と膝の抜きを使って体当たりの力を吸収する訓練が必要です。この場面では中柄が杖先で頭上に押し上げられているため、棒立ちで体の前面に張りをつくると、真後ろに倒されることがあり、極めて危険です。

目付けについて

「目付け」とは「どこを」「どう」見るかということです。

古流では各流派によりさまざまに言われます。宮本武蔵はその『五輪書』において、「見《けん》の目」「観《かん》の目」ということを述べています。「見の目」とは肉眼によるもの、「観の目」とは一般の方には難しいかもしれませんが、意念の波長を感じることと言えます。しかし、初心者で大切なことは、常に相手の目を見ていることが大切です。杖道においては、杖が打太刀を横向きに崩してくる「繰り付け」という技があり、この際多くの者が顔まで横を向いてしまいます。その場合、体が居つくか、崩れるかの弊害を生じます。真剣勝負の場なのですから、どのような場合も相手の目を見ていること、そうすれば居つくという弊害や体の崩れという弊害も生じ難くなります。

⑷刀剣の小史と形状

杖道の稽古形態は、木刀と杖による形稽古に終始します。くれぐれも留意してほしいことは、全剣連杖道の基となった神道夢想流杖術は、福岡黒田藩の下級武士間に連綿として伝えられた実戦的

目付け　常に相手の目を見ていることが大切（写真上は繰付の制定形、下は古流の場面。繰り付けられた手元の位置が違う）

体が崩れ、顔が横を向いてしまっている悪い例

武術です。そのため、形稽古とはいえ真剣勝負を前提としており、「形のための形」ではありません。

当然ながら、打太刀が使用する武器は木刀とはいえ、あくまで真剣の代用ですから、真剣の特性を熟知してこそ、意味ある稽古が可能となります。

なお、刀剣については「刀」「太刀」「剣」等表現がいろいろありますが、本書では「形」において用いられている「打太刀」という表現に基づき「太刀」という表現を多用することにします。

刀は水平に押すか引くと切れる

刀剣の歴史と形状については、専門書を読んでいただきたいのですが、取りあえず、大まかな概要を述べておきます。

わが国の刀剣の形状は、平安時代までは直刀《ちょくとう》でした。それが平安時代後期に職業軍人である武士の勃興により、刀剣は折れやすい直刀から、実戦用武器として反りがある折れ難い刀に変容したと言われます（図2参照）。

その製作上の特徴は、それまでの平造りから鎬造りになり、刃側に焼きを入れ、棟側は焼きを入れない造りになったとされます。このために以降の刀は、刃筋を正しく使えば折れ難く、棟側を叩くと折れやすい構造になったわけです。

蛇足ながら、この特性により時代劇のように峰打ちをすると刀は折れやすいから、実際にはほと

【図2】日本刀および拵の各部分名称

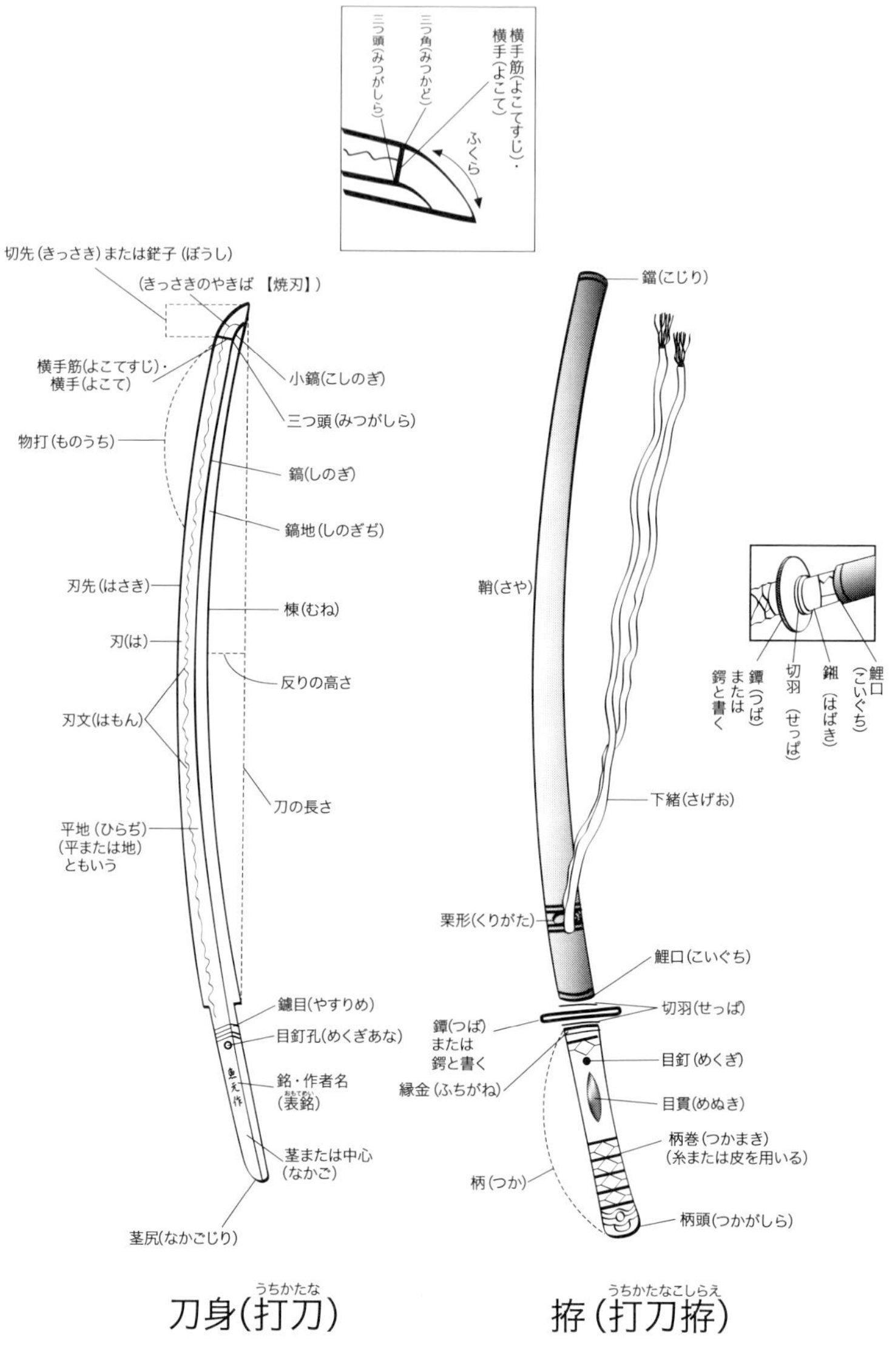
横手筋(よこてすじ)・横手(よこて)
三つ角(みつかど)
三つ頭(みつがしら)
ふくら
切先(きっさき)または鋩子(ぼうし)
(きっさきのやきば【焼刃】)
横手筋(よこてすじ)・横手(よこて)
小鎬(こしのぎ)
三つ頭(みつがしら)
物打(ものうち)
鎬(しのぎ)
鎬地(しのぎぢ)
刃先(はさき)
棟(むね)
刃(は)
反りの高さ
刃文(はもん)
刀の長さ
平地(ひらぢ)(平または地)ともいう
鑢目(やすりめ)
目釘孔(めくぎあな)
銘・作者名(表銘《おもてめい》)
茎または中心(なかご)
茎尻(なかごじり)
刀身(打刀《うちかたな》)
鐺(こじり)
鞘(さや)
鯉口(こいぐち)
鎺(はばき)
切羽(せっぱ)
鐔(つば)または鍔と書く
下緒(さげお)
栗形(くりがた)
鯉口(こいぐち)
切羽(せっぱ)
鐔(つば)または鍔と書く
目釘(めくぎ)
縁金(ふちがね)
目貫(めぬき)
柄巻(つかまき)(糸または皮を用いる)
柄(つか)
柄頭(つかがしら)
拵(打刀拵《うちかたなこしらえ》)

んどあり得ません。

一方、術技として杖側では、杖で刀の棟を打つ技が生じ、剣術側では棟を打たれない工夫がある流派もあるわけです。

もうひとつ知っておいてほしいことに刃の特性があります。日本刀の刃は、顕微鏡で見ると鋸のような細かいギザギザがあり、刃に対して直角方向ではなく、刃が物体に当たった状態で水平に押すか引くことにより切れる構造になっています。

この刃の特性を使った大道芸が、刀の刃の上に乗ったり、刃を握ったりする芸です。

また形状の変容は、太刀の用法にも関係し、形状が彎刀《わんとう》になって以降の古い剣術においては直線的技を使わず、遠心力を使う「回刀」が多く用いられました。

その後、戦争形態が鉄砲主体に変わるにつれ、白兵戦の在り方が変わり、太刀先を少しでも遠くに届かせたいこともあり、太刀の反りも浅くなり、用法も遠心力を使う回刀技術と直線的技術が併用されるようになりました。

なお、現代剣道においては、竹刀に反りがないためもあり、ほとんど回刀はおこなわれず、直線用法中心になっています。

刀の断面概念図

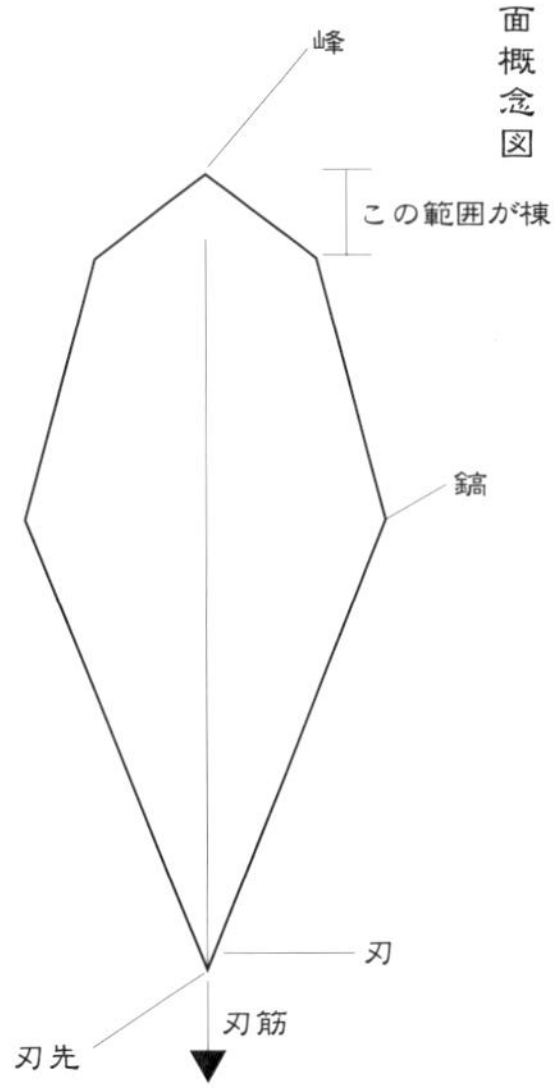

（注）日本剣道形四本目においてのみ、回刀動作があり

ますが、竹刀剣道においてはほとんど使われていないようです。

太刀の用法の分類

太刀の物理的特性は前項の通りですが、これにより刀法の基本的要点は、次のように分類することができると思います。

(a)引き切り

①切り下ろし　②払い切り　③付け引き切り

（注）刀は刃が円を描くように振れば、結果的に引き切りであり、もちろん、手元を意図的に引いた場合も引き切りです。

(b)押し切り

①切り付け　②突き切り　③切り突き　④付け押し切り

(c)叩き切り

刀と対象が直角に叩いた場合、頭部や手のように皮膚のすぐ下に骨がある部位は切れるが、胴部のように柔らかい部位は、切れ難いものなのです。

(d)突き

突きは、いずれにせよ片側に刃があるわけだから、押し切りの範疇としてもよいとも言えます。

木刀について

［歴史］

木刀がいつ頃から、どのような形で使われてきたかを考証したものは寡聞にして知りません。文献では、古事記において倭 健 命《やまとたけるのみこと》が出雲健《いずもたける》を木刀で騙して討つくだりがあり、日本書紀の崇神《すじん》天皇六十年では出雲振根《いずものふるね》が弟の飯入根《いいいりね》を木刀で騙して討っています。

その後、平家物語の有名な序章の次にある「殿上闇討」で平忠盛が闇討対策で木刀を使っています。（平家物語ではボクトウと読まず、キガタナと読んでいる。）

いずれも本物と見せて他を欺く手段として使われているのは興味深いことです。

特殊な使われ方としては、神道における儀式用のものもあります。

また、いつ頃から武技の訓練に殺傷力のない木刀が使われだしたかは不明です。

［形状］

木刀にもいろいろな形があります。倭健命の場合は、時代的に剣《つるぎ》ですから直刀造りでしたでしょう。平家物語の平忠盛の場合は「大きなる鞘巻」と表現していますから、反りの深い太刀形状でしょう。

その後、武術流派の勃興により、各流派がそれぞれ都合のよい形状のものを使うようになり、現在でも伝統的古流においては使用する木刀に特徴がありますが、木刀にも反りをもたせたものを使用しだしたのは、ごく近世と思われます。古い流派が使う木刀は直刀造りが多いからです。

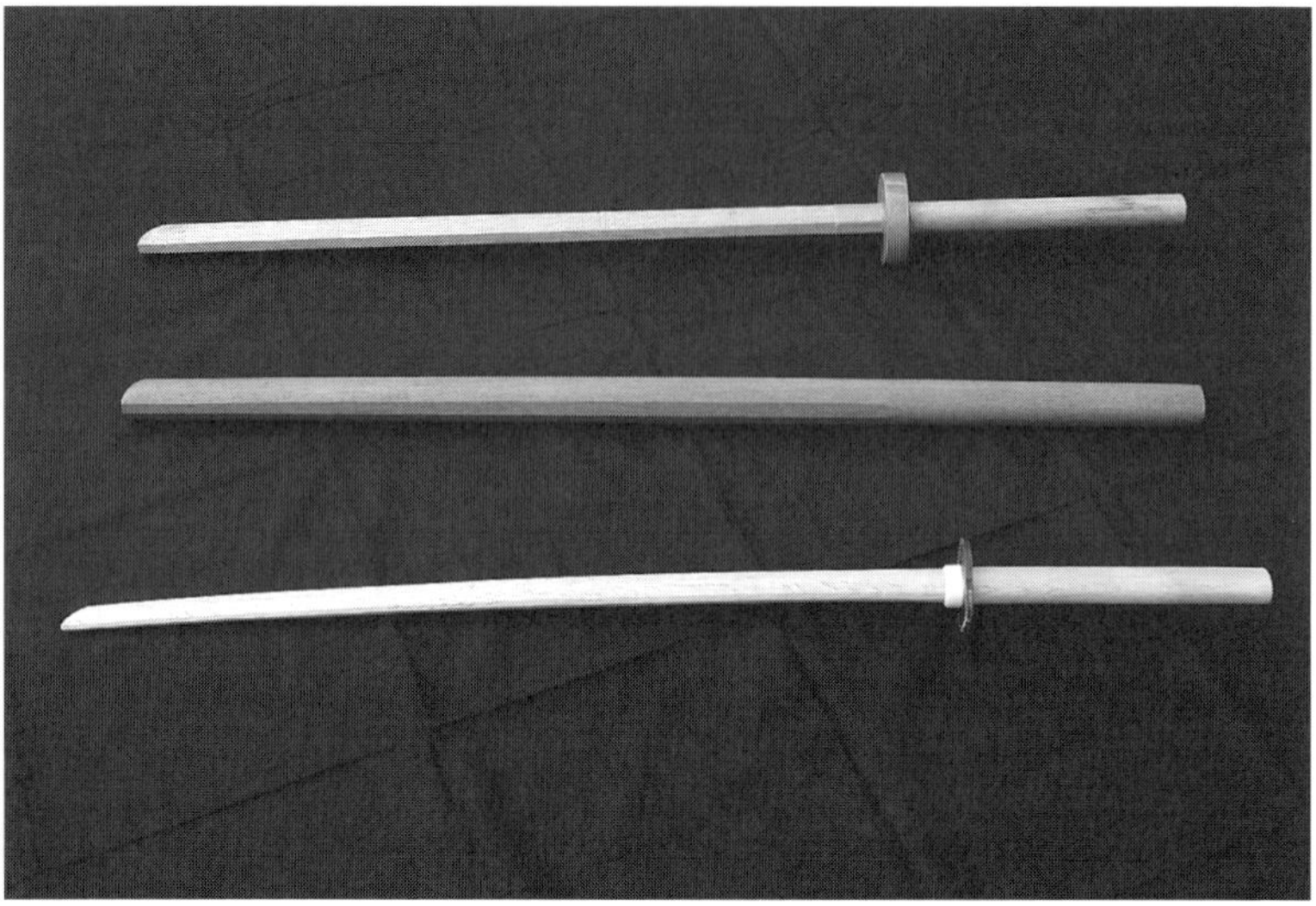

筆者が所持する木刀の一部。上から鹿島神流の稽古木刀、直心影流法定之型用の木刀、現代の一般的な白樫の革鍔木刀

参考までに筆者が所持する木刀の一部を写真で示します。

［材質と特性］

木刀の材質は、一般的に白樫、赤樫、柞（イス）、枇杷、黒檀が使われます。いちばん一般的なのが白樫で、木の硬さと粘りと柾目がいちばん良いからで、折れにくいこともあります。赤樫は土産物としてのものが多いのですが、折れやすいため、武技の訓練には不適切です。イスは九州の示現流系統の流派が用いるので有名です。スヌケというのもありますが、木としてはイスであり、イスの古木の芯を使ったものをスヌケと言います。枇杷の木刀も有名ですが、高価でもあり、あまり使われません。俗説として枇杷の木刀で打たれると痣が消えないと言われますが、根拠は知りません。枇杷の葉には青酸成分があることは知られており、木が呼吸する時、青酸ガスを発生するとも言われます。古来家の近くに枇杷の木を植えるなという言い伝えもありますが、先人達は経験的にその毒性を知っていたのかもしれません。とはいえ、一方では枇杷の葉健康法というものもあり、真実は不明です。なお、黒檀は飾りものとしての輸入品であり、実用的とは言えません。

［余話］

幕末の名剣士天真一刀流の寺田宗有《てらだむねあり》は木刀の稽古しかしなかった人ですが、「自分の剣の先からは炎がでる」と言い、天真白井流の白井亨《しらいとおる》も同じようなことを言っています。これは木刀の中を気を通せることと、意念の用い方により、オーラ体が剣先から出たということでしょう。私もある程度は木刀や杖に気を通すことができますから、当たらずとも遠からじでしょう。

［木刀使用の心構え］

木刀はあくまで真剣の代用ですから、その扱いについては「真剣である」という強い意識が必要です。ところが、現代日本人は余りにも刃物について知らないし、使った経験も無さ過ぎます。何でもよいから平素の生活上でもっと刃物を使い、その危険さを身を以て知ってほしいと思います。

形稽古に終始する伝統的古流を学ぶ者は、たとえ木刀であっても「切れる」「刺さる」真剣であると心得て扱うことが、強く求められます。形稽古中に刀身部分を掴む者などは以ての外です。稽古中でも目の前に切っ先があっても「木刀だから恐くない」とまったく無神経で気にせず、形の手順ばかりを追った稽古に終始するようでは、進歩は望めません。

剣には剣の立場があり、本来切れるところは必ず切るものです。その恐ろしさを常に自覚することを忘れてはなりません。また用法においても、軽い木刀だから小手先のスナップで遣う者も多いのですが、真剣ではそのような遣い方はできません。私の差し料は二尺五寸、重さ一・二キロの鉄でも切れる豪刀ですが、小手先でつかったら手を壊します。重い真剣を使ったら判ることです。

⑸太刀の持ち方の基本

手首は使わず、下筋で持つ

日本刀の用法は、古来の直刀時代から馬上で大太刀を振るう時代まで、片手遣いが中心の時代が長かったようです。

それが徳川時代の平和な時代になると甲冑《かっちゅう》武術から素肌剣法に変容します。その嚆矢《こうし》といえるのが、宮本武蔵のように思います。また、宮本武蔵の時代に新陰流も太刀用法が変わったようです。したがって、近代剣法における太刀の持ち方は、宮本武蔵の『五輪書』に書かれている内容を指針とすべきでしょう。以下に『五輪書』から採録します。

「太刀の持ち方は、親指と人差し指を浮かすくらいにし、中指は締めるでもなく緩めるでもない程度にし、薬指と小指を締めるように持つのです。手の内が緩んでしまうのはだめで、敵を切るのだという思いで、太刀を持つべきです。敵を切る時も、手の内に変わりはなく、手が縮まないように持つべきです。もし、敵の太刀を張ったり、受けたり、当てたり、押さえたりすることがあっても、その際は親指と人差し指をちょっと変えるようにして、兎にも角にも切るのだと思って太刀を使うべきです」（意訳）

さらに武蔵は「兵法三十五箇条」において大切なことを言っています。

「手首は絡むことなく、肘は伸び過ぎず、曲げ過ぎず、腕の上腕筋を弱く、下側の筋を強く持つのです」（意訳）

この文章で重要なのは、「手首を絡めない」、つまり手首を捻ったり、スナップを使わないということであり、「肘は伸び過ぎず……」以降の文章も、スナップの否定につながります。

もうひとつ参考例を挙げましょう。

太刀の持ち方については、幕末の徳川幕府講武所頭取を務めた窪田《くぼた》清音《すがね》（注①）は、その著書において次のように述べています（要旨）。

「手首の問題は三種類ある。ひとつは『切り手』と言って、手首の凝り詰りなく、上がりも下がりもせず、筋骨の自然さを失わず、程よいことをいう。構えた時、または打ち込む時、突き出す時、いずれもこの『切り手』である。

次に『止め手』と言って、手首を縮めることがある。これは受ける時の手首の使い方である。受け止める時は、手首を縮めて受けなければ効果は薄い。

また、『抜け手』と言って手首が伸び過ぎて下がるのは、もう病である」

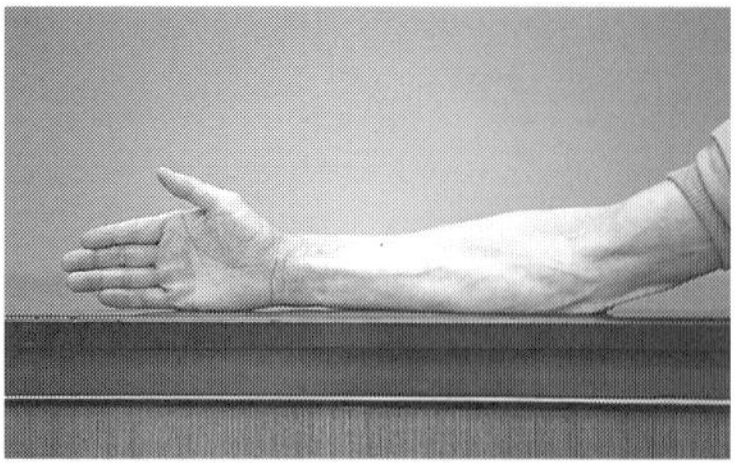

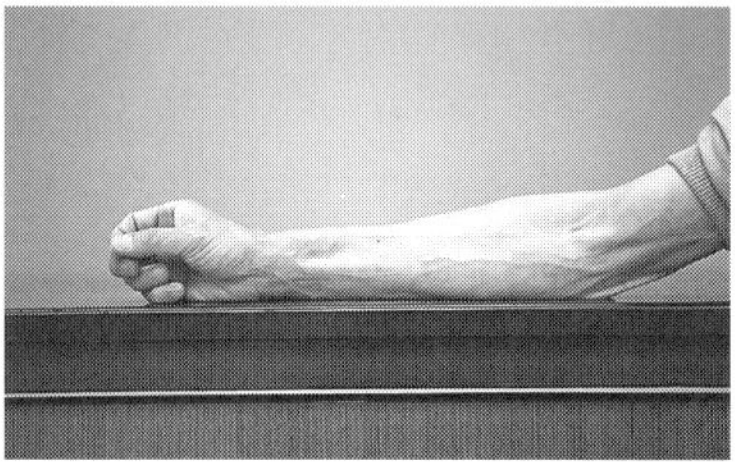

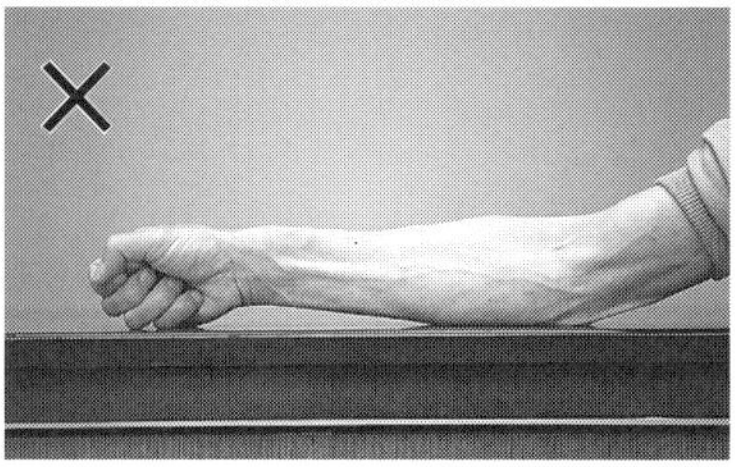

握った時、腕の下側の筋（尺骨側）の線が真っすぐなのが理想的である。手首を使うと剣遣いがうまくできなくなる

抜け手の悪い例

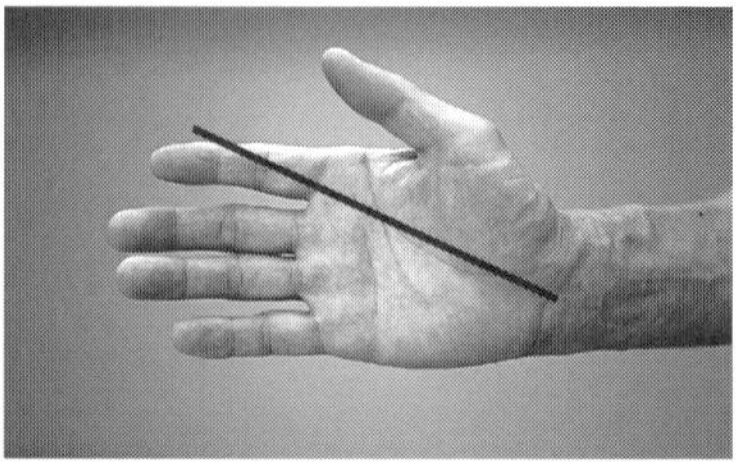

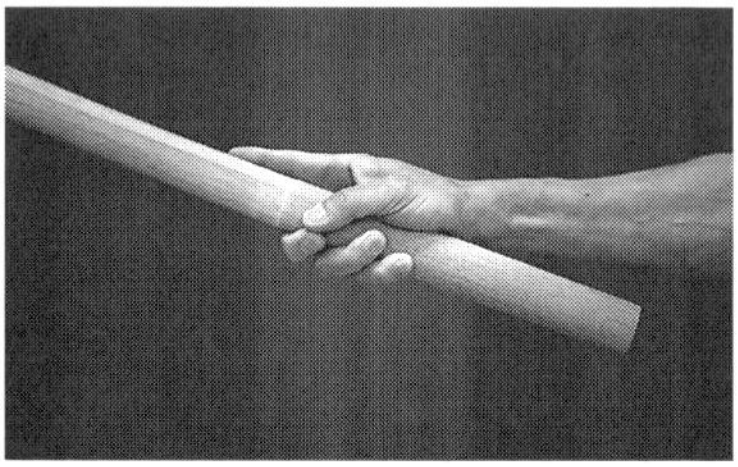

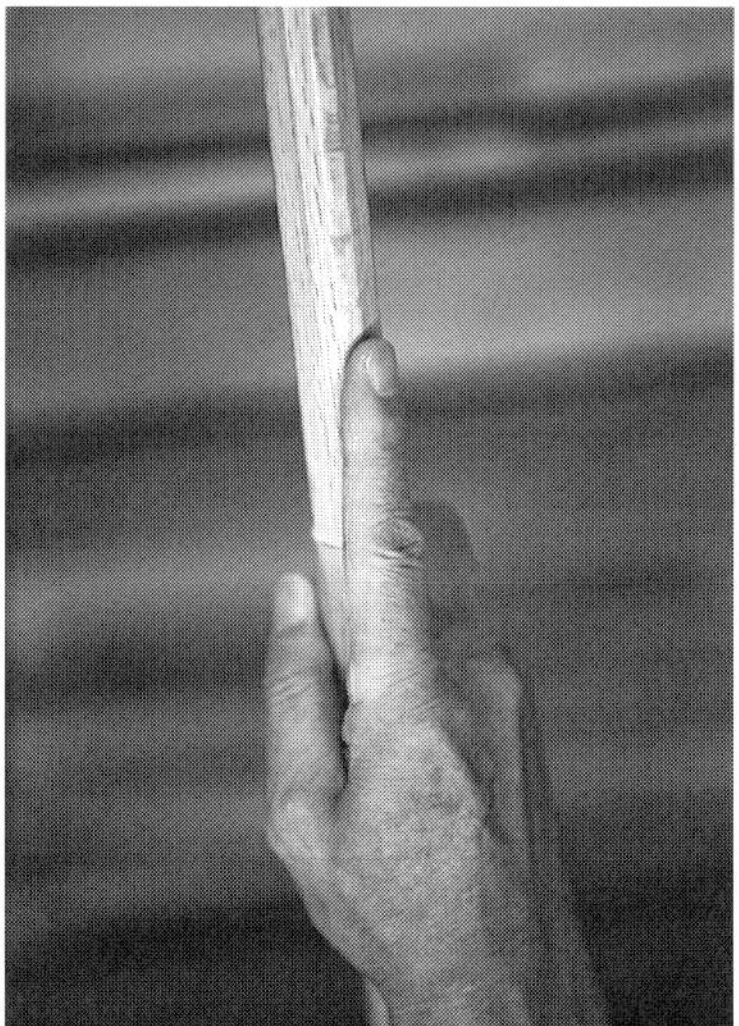

切り手のときの右手の握り方。右手掌底中心の凸みに中柄を当て、人差し指を伸ばした線を右斜め上部に当て、薬指と人差し指を軽く締める

要するに、太刀の握り方については、宮本武蔵や新陰流ともほとんど変わらず、基本的にスナップの否定と言えます。「止め手」における「縮める」とは、柄に対し五本の指をほぼ直角にぐっと握った状態を言います。五指の屈筋を強く使えば手は縮みます。「抜け手」の「手首が伸びて」とは、スナップを使い、腕の上側の筋を伸ばしてしまうことでしょう。

肩から手先について、窪田清音は次のように注意しています。

「肩は左右共に上がることなく、常のごとくして、肩から手先まで素直に伸ばし、左右の高低がないようにせよ。右肩が上がった先に手がある場合、または左手が弱く右手が強い場合は、良い効果は得難い。この癖が生じると姿勢が横ざまになり、切ったと思っても刃が背いて、片削ぎになったり、平打ちになったりする。それ故、肩から手先に至るところに充分に意を用い、悪癖にならぬようにするべきである」

ここでいう「刃が背いて」とは、刃筋が狂うことを言っています。

注①＝窪田清音（くぼた・すがね）＝幕府講武所兵法師範役、田宮流居合剣法の達人、各種の武器術にも通暁《つうぎょう》。

切り手は人差し指を伸ばす

では「切り手」とは、具体的にはどういう握り方なのか、鍔なし木刀を例としてお話しします。

先ず、左手掌底中心の凹み（生命線のほぼ末端）に柄頭を当てます。次に人差し指を伸ばした線を柄の左斜め上部に当て、薬指と小指を軽く締めます。次に右手掌底中心の凹みに中柄を当て、人差し指を伸ばした線を右斜め上部に当て、薬指と小指を軽く締めます（写真参照）。

そのまま肩、手首の力を抜いて、自然に両手の高さを肩の高さまで上げた時の切っ先がいちばん遠いところと理解すべきです。

一般的には「手首を真っすぐ」というと、上側の筋（橈骨《とうこつ》側）を水平にする人が多いのですが、これは違います。

欧米で高い評価がある、骨格と筋肉の関係を中心とした身体論であるアレキサンダーテクニークで述べられているように、腕の下側の筋（尺骨側）の線がほぼ真っすぐなのが、手首の構造上自然ということになります。

実際は鍔がありますから、掌底中心から人差指付け根の線を維持したまま、指先が鍔に触らぬ程度に人差し指を曲げたらよいのです。この原則は、両手遣いの場合も、片手遣いの場合も変わりません。

刺身包丁なども、この原則により遣われます。これは方向性を示す機能を有する人差し指の特性が生かされる握り方ともいえます。

黒澤明《くろさわあきら》監督の名画「七人の侍《しちにんのさむらい》」の刀法を指導した、香取神道流《かとりしんとうりゅう》の杉野嘉男《すぎのよしお》師範は鍔なし木刀による演武では、いつも人差し指を伸ばして遣っておられました。

止め手の時は刀をほぼ直角にして受ける

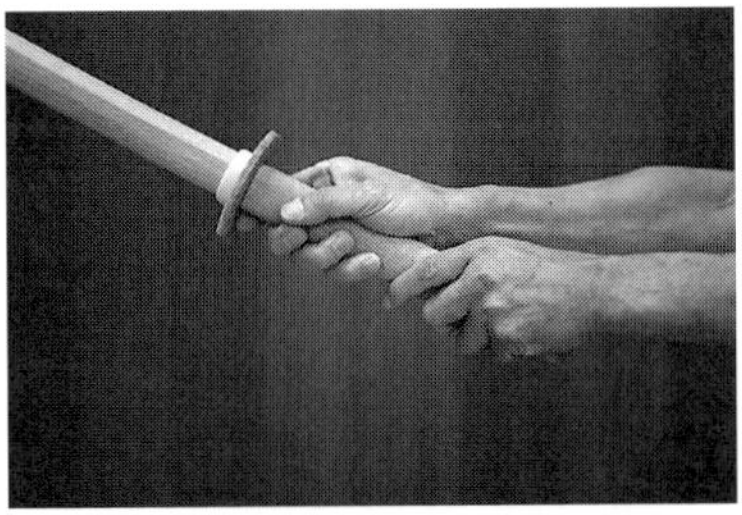

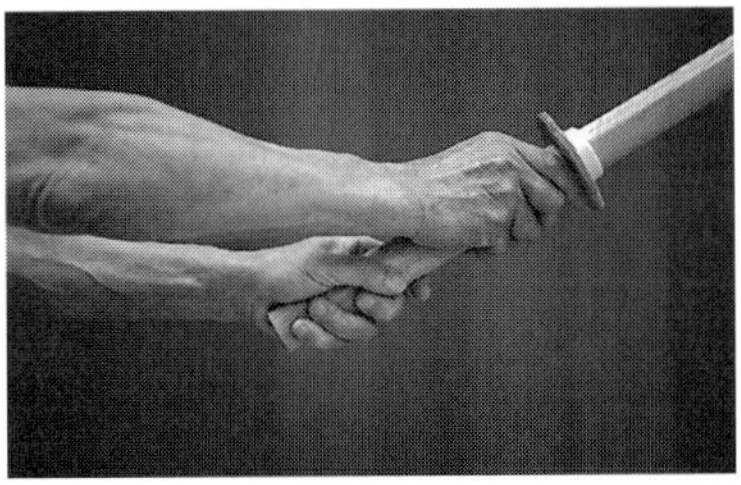

鍔付きの時の切り手は掌底中心から人差指付け根の線を維持したまま、指先が鍔に触らぬ程度に人差し指を曲げたらよい

止め手は五指で握る

さて、次に「止め手」です。

これはもう説明不要でしょう。だいたいほとんどの人が、棒状のものを持つと、ほぼ直角に持ちます。それで五本の指を握る形です。強い衝撃を受ける場合は、両手共にこの握りで受けないと充分に受けられません。但し、杖の用法としては、この「止め手」で攻撃する使い方もありますが、本書では触れません。

全剣連杖道における四種類の構え方

全日本剣道連盟では、太刀の構えは、①中段の構え、②諸手左上段の構え、③諸手右上段の構え、④下段の構え、⑤八相の構え、⑥脇構えの六種を定めていますが、全剣連杖道においては、中段の構え、諸手左上段の構え、八相の構え、の三種類が用いられ、形の中ではバリエーションとして「切り付けるような中段の構え」があります。念のため、全剣連資料から記載します。

①中段の構え

右足を前に、左拳はへそ前より約ひと握り前にして、左手の親指の付け根の関節を臍の高さにする。剣先の延長は両目の中央または左目とする（注②）。（一足一刀の間合を前提とする）。

注②＝柄を持つ両手は前後にずれているわけですから、その手幅分だけ胸廓と腰の角度は斜めにすること。そうしないと、両手首、両肘の伸びが均等になりません。

②諸手左上段の構え

中段の構えから左足を前に出し、左拳を左額の前上約ひと握りのところとし、剣先は約45度後ろ上方に向け、やや右に寄せる。

③八相の構え

中段の構えから左足を出し、太刀を大きく諸手左上段の構えに振りかぶる気持ちで構え、刃先は相手に向ける。

諸手左上段の構えから、そのまま右拳を右肩のあたりまで下ろした形で、太刀をとる位置は鍔を口の高さにし、口から約ひと握り離す。

左拳の位置はほぼ正中線上とし、刀身の傾きは後ろ上方約45度とする。

右足先はやや外に向け、踵が床につかないように注意する（注③）。

注③＝この「踵が床につかないように注意する」という表現が問題で、前項でも述べた通り、このために膝裏を伸ばした棒立ちで、後ろ足の踵を数センチも浮かせ、前足に体重がかかり過ぎる者も多くなり、そのように指導する者も増加しました。それでは跳び足を使わない、真剣勝負を前提とする杖道としては大変不自然な姿になったと言えます。本来は「踵に重心がかからないようにする」だけです。最初から正しい姿を学ぶべきと考えます。

中段の構え

諸手左上段の構え

八相の構え

切り付けるような中段の構え

なお、普及用古流における八相は、この全剣連の八相に準じていますが、古伝古流においては、手元が高い大八相（別名「耳構え」）です。

④切り付けるような中段の構え

実は、この表現は筆者が乙藤市蔵先生の指示により、乙藤市蔵監修で平成六年に『天真正伝　神道夢想流杖術』（壮神社刊）を上梓した際、高弟各氏と議論の結果採られた表現であり、その後の全剣連杖道においても用いられるようになり、平成十五年施行の新解説書からこの表現が記載されるようになったものです。

どういう理由でその表現になったか。実戦上はこの場面の太刀は仕に対する切り付けなのですが、稽古上は切り付ける形で中段の構えとして、その太刀を打たせることにしてあるからで、「切り付け」と言ってしまうと、読んだ者が本当に切り込んでしまう恐れがあり、それを危惧して採られた表現なのです。したがって、形としては中段の構えより太刀を差し伸ばした形になります。

　また、通常各種の構えをとる時は無声ですが、以上の理由により「切り付けるような中段の構え」の時だけ「エィッ」と気合をかけることになっているわけです。

⑹太刀遣いの基本

幅広い対応力が求められる

竹刀剣道は、形状がほぼ丸棒に近く、真っすぐの竹刀を用いる、ごく限られた部位しか打突しない条件の稽古ですが、杖道の打太刀は古流各派共にさまざまな切り方、突き方があるわけで、その中で各流派に共通する、ある程度原則的な用法を幅広く用いるのが杖道の打太刀です。

　打突部位を比較すれば、わかります。

　竹刀剣道の場合、叩く部位は頭部（正面および左右面）、小手（左右）、胴（左右）。突く部位は喉だけ。

　つまり基本的に四ヵ所だけです。

　これに対し、杖道の打太刀が攻撃する部位は、切る部位として頭部、首、胸部、胴、二の腕、左小手、手の甲。突きは喉、水月。つまり狙う部位だけでも倍増します。当然、刃筋も多様になります。

もちろん、古伝古流においては、切れる所を切るという主旨により、さらに打突部位が増加し、さらに難易度が高い刀法が要求されます。

通常、竹刀剣道がいちばん原則的なことをしているのだから、竹刀剣道に習熟すれば、あとは状況に応じてどこでも切れると考えてしまいます。

しかし人間の脳は、普段いちばん多くやったことがいちばん強くすり込まれ、いざとなったらその動作しかできないものです。動作と脳の関係の初歩的理解があれば、誰でもわかるはずです。

良い事例があります。

幕末の桜田門外《さくらだもんがい》の変《へん》の時、井伊大老を襲った浪士の一人がその後、次のように述懐しています。

「水戸の東武館で稽古をしていた時は、剣は千変万化などと言っていたが、いざ実戦になったら、ひたすら切り返しばかりをしていた。真に慙愧《ざんき》にたえない」

だからこそ、古流武術はさまざまな状況を想定した形をひたすら稽古し、対応力を高めようとするわけです。

まして杖道においては、相手の杖が剣道とは違った攻防動作をします。ですから幅広い対応力を必要とし、多様な太刀遣いが前提となり、より高度な技に進めるよう、どの流派にも共通する原則的な訓練が不可欠となります。では、どういう基礎稽古をしたらよいかですが、だいたい次のように思われます。

多様な太刀遣いが身につく稽古法

太刀は「切り手」で握り、正中線（注①）で大きく振るところからはじめます。大きく振り上げ、大きく切っ先が地面に近いところまで振り下ろします。肩を軸点として切っ先が大きく円を描く形です。

手の握りは柔らかく持ち、締めなくて可です。ただし握りの角度を振りかぶった時も、握り下ろした時も変えないようにします。つまりスナップを用いないことが大切なわけです。また、振りかぶる時に肘を曲げて上げてはいけません。逆に切っ先を前に出す気持ちのほうが望ましいと思います。

しばらく前、日本武道館で少年剣道錬成大会が開催された時、少年達が日本剣道形を演じたのですが、太刀を振りかぶる時は、天を突くような振りかぶり方をしており、「ほう、良い指導者だな」と感銘を受けたことがあります。

注①＝正中線（せいちゅうせん）、本来は神道用語。神に真っすぐにあたる線をいう。神社の参道の敷石などではその真ん中の線は、神が通る所だから人は歩いてはならないとされる。これは水平で考えた場合であり、対象が神だから、垂直に考えての正中線もある。ここから敷衍《ふえん》して、武道においては身体の中心線を正中線と言い、流派によっては中墨《なかずみ》ともいいます。

大きく振り上げ、振り下ろす

太刀を振るときは「切り手」で握り、肩を軸点として切っ先が大きく円を描くように振り上げる。その時の握りは常に一定にし、スナップを使わないこと

腰の前で水平に止める

大きく振り下ろす

抜け手になっている悪い例

悪い例

太刀遣いの切る動作は、大別して「切り下ろし」「切り付け」「払い」の三種類があります。

①切り下ろしは腰の前で水平に止める

前述した大きな振りの次に、切り下ろした太刀を腰の前でほぼ水平で止める形を身につける必要があります。

そのためには、他の項で述べた掌底の使い方を最初に身につける必要があります。どう使うのか。切っ先がいちばん遠いところにきたら（両拳がほぼ肩の高さ）、そこから左手首を内側に回して掌底を下に押さえるようにして太刀を下げていくと、太刀は腰の前でほぼ水平に止まります。

これを身につけたら、柄を握る手の筋力をほとんど使わずに止めることができるようになります。正中線で握る時も、袈裟掛けに振って止める時も同じ要領です。

この切り方の場合、体軸点を固定して考えると切っ先がいちばん遠い所から下がってくるにしたがって切っ先が相手から遠くなることになり、結果として引き切りになります。

以前、筆者がはじめて据え物切りを体験した時、台がない河原の砂利の上に竹を立て、左足を折り敷いたままで切らされたのですが、私が斜めにスパッと切ったら、指導して下さった先生は「据え物切りが初体験の人が、足を折り敷いて切って、地面に切り込まない人をはじめて見た」と言いましたが、掌底の使い方さえできれば誰でもできることです。

②中山博道から学ぶ切り付けのポイント

真剣勝負では、初太刀で勝負が決まることは少ないはずです。必ず相手が反応動作をするからです。したがって相手の反応動作次第で、瞬時にこちらは二の太刀が打ち出せねばなりません。次の動作を予定した切り方にならざるを得ません。

そこで多用されるのが、「切り付け」です。この場合は太刀先を伸ばしていく切り方になり、結果として押し切りになります。この姿については、内田良五郎（注②）に神道夢想流杖術を学んだ、昭和の剣聖中山博道（注③）の良い写真がありますから、この写真の見方を細かく述べます。

この写真が載っている『剣道手引草』のキャプションは、面打ちの写真となっていますが、使用している武器が真剣ですから、切り付けの写真といえます。細部を見て下さい。

［足］前膝が少し曲がり、右足の親指がわずかに浮き、左足の膝が弛んでおらず、左足の指が床についており、踵が僅かに浮いている。くれぐれも言いたいのは、結果として踵が僅かに浮いたのであり、前足に体重をかけて浮かせたのではないということです。これにより両足にしっかり力が入っています。また歩幅はほぼ一足開いているため、重心が両足の真ん中にあります。これが大切なところです。

［腰］角度はやや斜め、腹を突き出さない仙骨動作の姿です。

［胸］胸は張り出しておらず、きれいに抜けています。このために懐を広く使えています。上体がちょっと反り気味ですが、これは長大で重い刀を切り付けた位置で止めたためと思われます。他の

中山博道範士の面打ち（『剣道手引草』より）

記録映像を見ると、博道先生はどのような場面でも上体を反らせることがありません。

［手］両手共に「切り手」になっていますが、左手だけ内に向かって少し絞られています。加えて、両肘が均等に伸びており、腕の上側の筋肉に伸びが見られず、下側の筋肉が強く使われていて、肩が上がっていないことと合わせて、スナップを使っていないことがわかります。

まさに教科書的な正しい「切り付け」の姿だと思います。これでちょっとでも胸が正面に向くと、必ず左肘が曲がり、左手首が浮き、好ましくない「浮き手」（「死に手」ともいう）になります。

また、基本的に刃筋が斜め、あるいは横の「払い」は引き切りですが、例外的に右足が前での相手の右胴への切り込みは「払い」ではなく「切り付け」です。

注②＝内田良五郎・旧黒田藩士。天保八年（一八三七）生まれ、大正十年（一九二一）没。小野派一刀流剣術、宝蔵院流槍術、汲心流柔術、神道夢想流杖術、一角流捕手、すべて免許皆伝。流派名は不明ながら恐らく居合は中和流。他に馬術、弓術、砲術も学び天才ぶりを発揮した。その後、東京に移住。芝公園の小美田邸内の道場で中山博道などに杖術や居合を教えた。また当時流行したステッキを用いて杖術の技を応用した「内田流短杖術」を創始した。

注③＝中山博道・明治六年（一八七三）生まれ、昭和三十三年（一九五八）没。神道無念流（剣・居合）七世。他に長谷川英信流居合を学び、小美田邸内の道場で内田良五郎に神道夢想流杖術を学び、「杖術を学んではじめて剣の裏がわかった」と述懐した。最初の剣道・居合道・杖道三道の範士。

③鹿島神流に学ぶ払い切りのポイント

基本的に斜め、あるいは横に払う切り方です。左右の袈裟掛けの切り方、あるいは横への切り方です。

首の付け根から斜めに切り下げる、あるいは切り下げる切り方は、打突部位が決められている竹刀剣道では胴を切る時を除いて用いられませんが、古武道の切り方としては常識的なものです。したがって、古武道の系統である杖道においては、その理解と体現が大切で、左右で斜めに切り払う稽古は不可欠です。

そのためには、夢想権之助が学んだ鹿島の太刀を伝える鹿島神流の払い太刀を参考にすると良いと思います。

稽古の仕方は、左足が前で右下から左斜め上に切り上げつつ右足を踏み込み、次に左足を踏み込みながら太刀を返して同じ太刀筋を斜めに切り下げます。

この左右逆もおこなうのです。但し、注意を要するのは、左足が前の逆袈裟の切り下ろしです。太刀の握りが前後にずれているわけですから、左腰が出てしまうと左手が縮んだ切り方になり、左足を踏み込んでも左腰が出ないようにする工夫が必要です。

また太刀を水平、あるいはほぼ水平に近く左から右に払う時、左足が前だと左右の手が組み手になってしまう人が多いのですが、これは避けるべきです。この要点は前記の通り、左足爪先の角度と重心位置の問題です。左足爪先と腰の角度を変えずに左足に体重をかけてしまう人は、必ず左右の手が組み手になります。

鹿島神流に学ぶ払い切り

左足が前で右下から左斜めに切り上げつつ右足を踏み込み、次に左足を踏み込みながら太刀を返して同じ太刀筋を斜めに切り下げる

肩を突っ込みすぎて、切先が流れた悪い例

④前額部上方で受ける

相手の攻撃に対する「受け」は、いろいろな用法がありますが、全剣連杖道においては、相対基本動作の逆手打に対する受けとして、太刀をほぼ垂直に立てて「止め手」で受ける動作がありますが、この形は組形の中ではありませんし、古流においてもありません。組形の中で用いられるのは、「太刀落」における回刀による受けと、「乱合」にみられる鍔元の受けだけです。いずれも「止め手」による受けですが、それぞれ理由があり、手元が前額部上方で受けます。これが意外に難しく、ほとんどの者が頭部前方で受ける傾向があり、十分な訓練を必要とします。

参考までに言いますと、古流剣術においては、直角の受けはほとんど用いられず、刀身を回転させながらの萎やし受けが主です。典型的な萎やし受けの例としては、新当流《しんとうりゅう》、新陰流《しんかげりゅう》などに見られる霞受けが挙げられます。

袈裟掛けの理解と稽古の必要性

伝統的剣術を理解し、体現するには袈裟掛けに切るという理解が大切です。袈裟掛けとは、僧侶が袈裟を左肩から右脇下にかけて纏うことにより、左肩から右脇下にかけて切る表現に使われるようになりました。正確には右肩から左脇下への線で切るのが逆袈裟なのですが、右脇下から左肩上の線に切り上げるのを逆袈裟ということもあり、注意を要します。正確には次頁の図に示した通りで、これらの刃筋で高低があり、切る位置が変わると思って下さい。

袈裟掛けの切り方は、一見誰でもできるように見えます。ところが平で反りがあるという刀の特性により、簡単ではありません。多くの人がだいたい右利きで右手の意識が強いため、刃筋が狂い、正確に切れないことが多いのです。ですから初心者のうちから剣を刃筋正しく斜めに振る訓練をするべきです。そのためには樋入りの居合刀で斜めに振ってビューッと音がすればよし、早く振らなくても刃筋が正しければ音はします。また、居合刀を持っていなければ、最近は木刀に樋を入れたものも売っていますからそれでも可です。慣れれば、樋の入っていない普通の木刀でも音がするようになります。

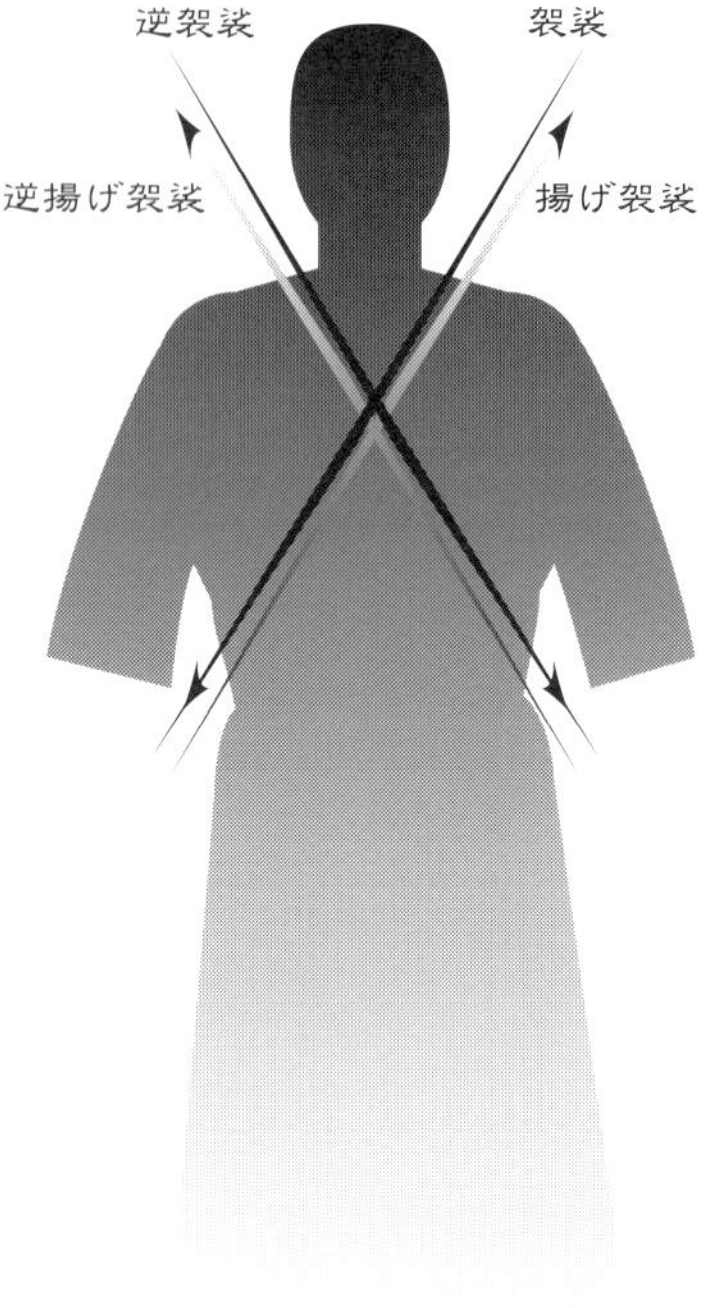

袈裟掛けの切り方

(7)回刀用法

回刀とは

回刀理論は、手首の返しにより重い刀を遠心力を以って扱う用法であり、切り込みにも、受けにも用いられます。また、「受け流し」や太刀の逆手遣いも回刀の範疇と言えます。

現代剣道ではほとんど用いられず、僅かに日本剣道形の四本目にその名残がある程度なので、理解されないことが多いのですが、既述したように、合戦時代の剣遣いの常識的用法で、古流剣術ではよく用いられ、杖道においても杖の用法として、また打太刀の用法としても用いられるので十分な理解と稽古が必要です。

遠心力による用法（縦用法）

この用法を自身の体の左右の体側で用いる場合、流派によっては「車切り」と言います。体の側面で車のように回して切るからです。

訓練の仕方は、右体側は比較的簡単で、太刀を差し伸ばし、右手の握りと肘を弛め、右手首を右に返すと同時に左手も弛め、左手も右に返しながら左手を伸ばして柄を前に押し出します。すると刀身の重さで切っ先が下がり、右手を軸として左手を引くと太刀は右体側で回転します。基本的に

遠心力による用法（縦用法）正面

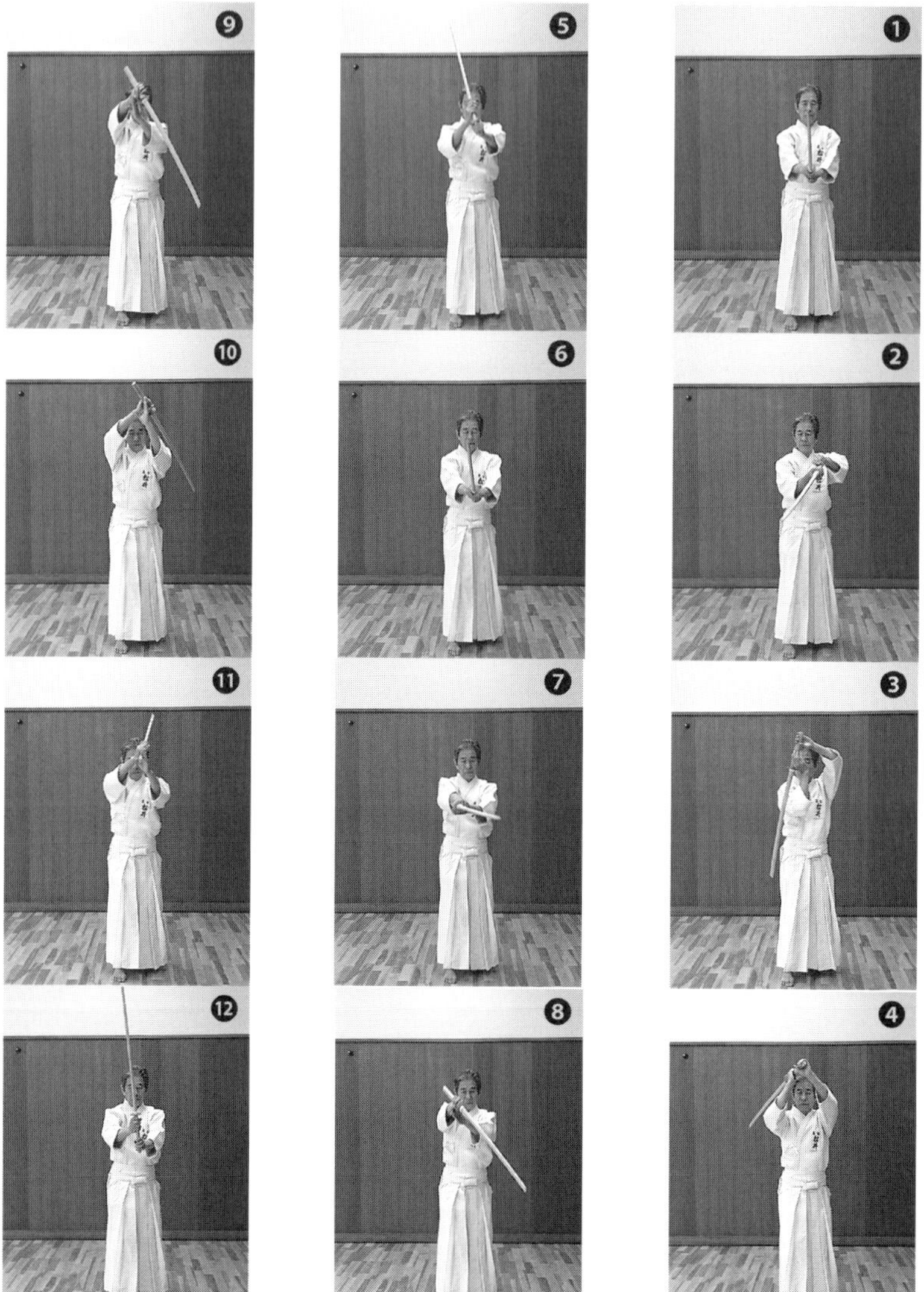

は太刀を差し伸ばした高さで訓練すれば良いでしょう。それが問題なくできたら、高さを変えておこないます。

この原則で、太刀を右体側で回転させ、左手が正中線を上下させて相手を切る形で用いるのが日本剣道形の四本目です。

問題は、左体側です。

概して皆右手を中心に使おうとしてしまうため、うまく左体側で太刀がスムーズに回転しません。言葉で説明するのは難しいのですが、次のようにおこないます。

右手を左に返しながら、正中線で左手の握りを緩めつつ肘を伸ばして柄を前方に押します。すると太刀の重みで刀身が左手を軸点として左体側に下がります。そのまま右手の小指を締めることにより太刀を回転させるのです。

なお、杖道の打太刀としては「受け流し」がありませんが、神道夢想流に併伝する「八通大太刀」の「受け返し」には、「受け返し」と「受け流し」の使い分けがあります。

このやり方については、駒川改心流《こまがわかいしんりゅう》の黒田鉄山《くろだてつざん》師範がその著『剣術精義』（壮神社刊）において写真入りで良い解説をしているので、機会があれば参考にして下さい。

遠心力による用法（横用法）

回刀には、頭上でほぼ水平で太刀を回して切る仕方もあります。

遠心力による用法（縦用法）側面

遠心力による用法（横用法）正面

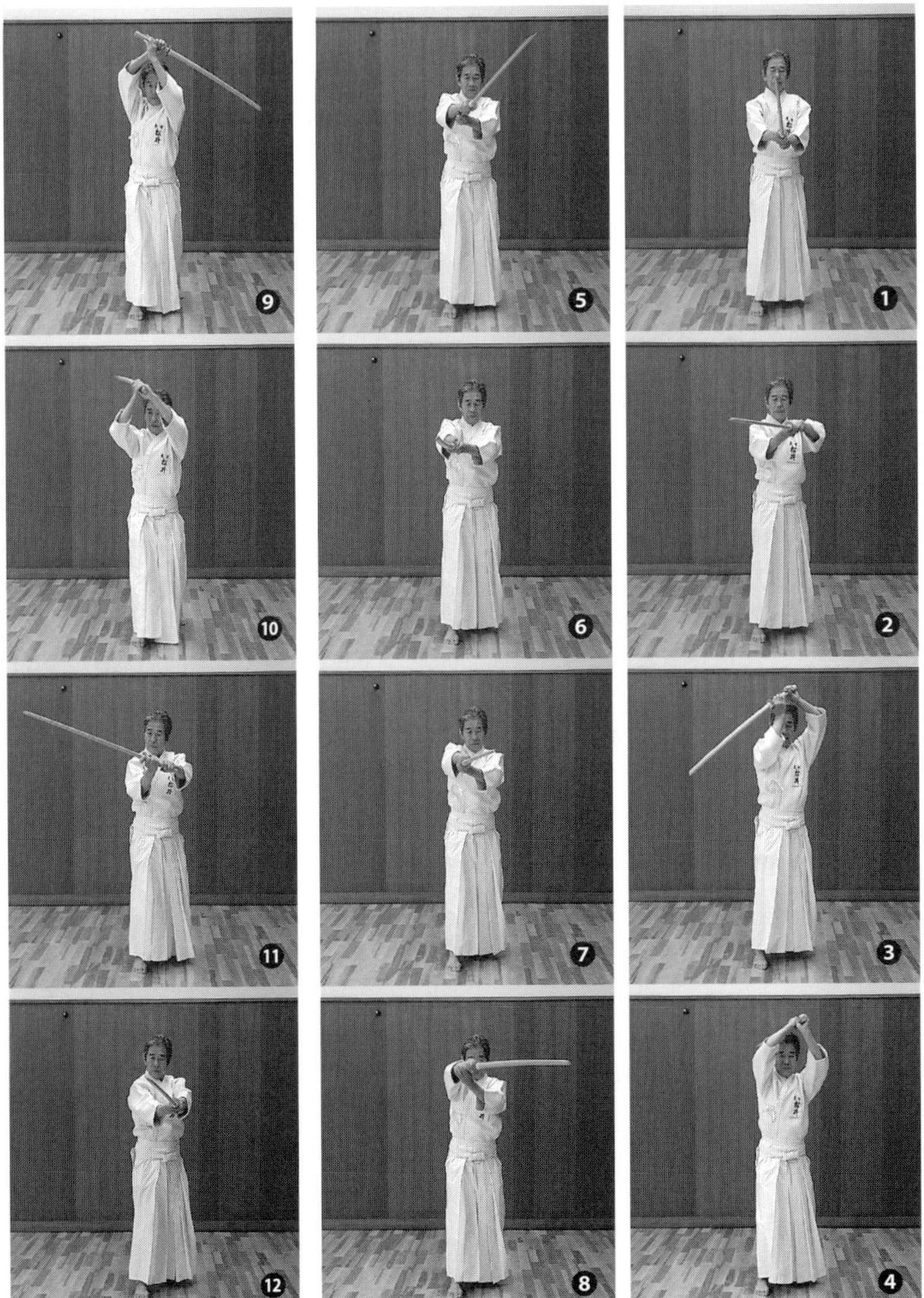

遠心力による用法（横用法）側面

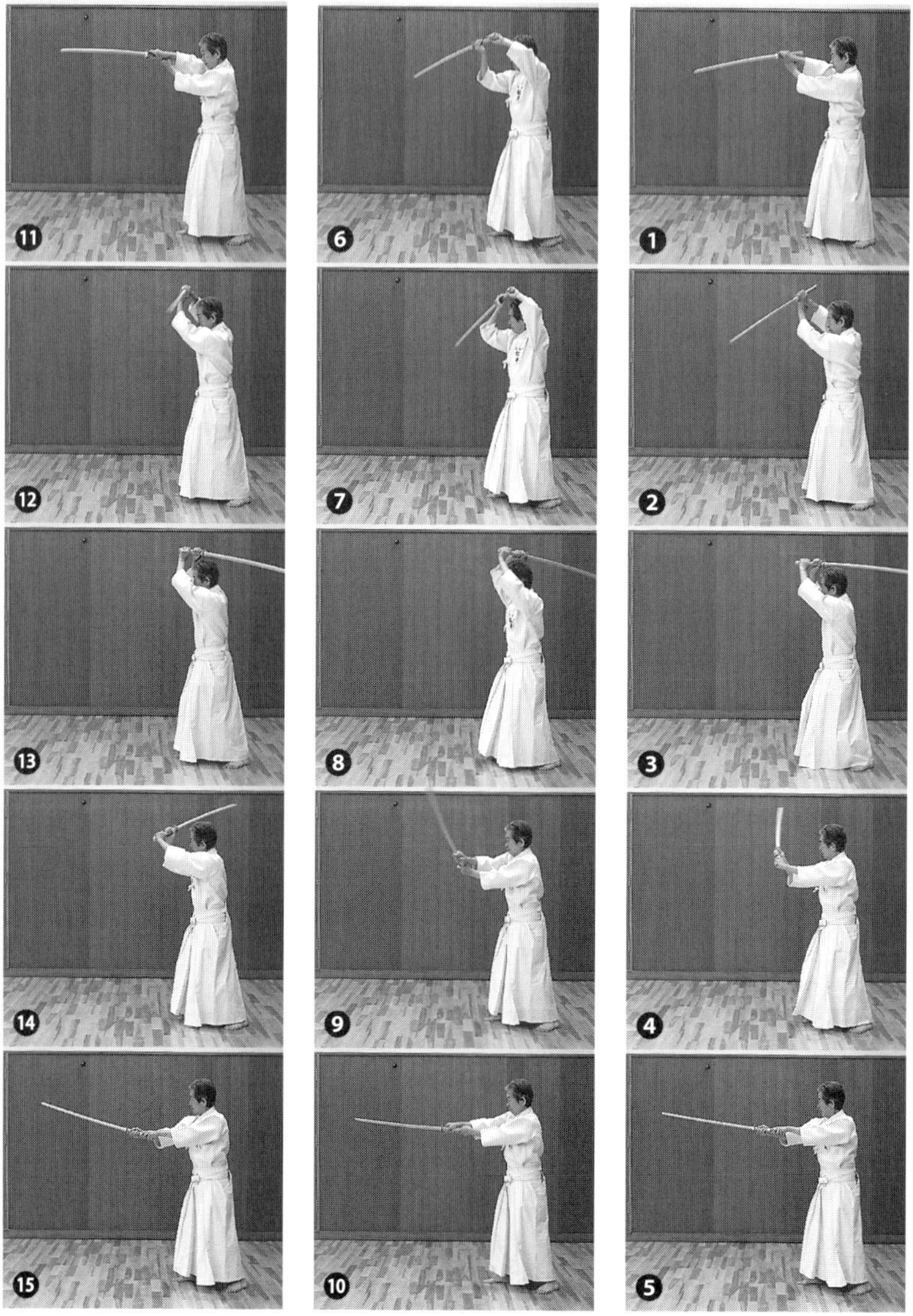

この用法は、右手首の返しと左手の引きを連動させて用います。最近はあまり見られなくなりましたが、剣道においても、昔は切り返しの練習で、頭上で回刀して切り返す方が多く見られました。また、杖道の「太刀落」で用いられる「受け返し」は、この用法の類型です。

刀身の回転による萎《な》やし受け

これも回刀の範疇に入るかもしれませんが、前項の「受け」で触れたように、古流でしか用いられないため、説明は省略させていただきます。

杖道の組形における場面

回刀用法が、全剣連杖道で用いられる場面は次の場面です。
太刀の場合は、既述した八本目「太刀落」の「受け」から「回刀切り」の場面、十一本目「乱留」と十二本目「乱合」の相打ち後に太刀を打たれてからの「回刀切り」の場面、三ヶ所二用法です。

杖側にも「乱合」で繰り放された後の攻め返す場面があります。
いずれの場合も、右手の意識が強い者はうまくできません。工夫を要するところです。

⑻突きの用法三種類

杖道における「突き」は、竹刀剣道におけるような喉への突きはなく、原則として胴部（水月）への突きしかありませんが、組形十二本目で、喉への突きを示して攻め返す場面があります。

刃が下向きの突き

刃が下向きの突きは、一般的に、どこの古流でもほとんど用いられませんが、全剣連杖道では基本の相対動作の「突き外し打」と組形の「左貫」における打太刀にのみ胸骨のない水月への突きがあります。

この場合、相手の目を牽制して左腰にとったときの刃は左斜め下向き（袈裟掛けに切る場合と刃筋が近いからそうなります）、そこから突き出すと刃は下向きになります。

但し、普及用に変容した神道夢想流のものもこのように使いますが、古伝古流においては、左腰にとった時には、さらに平にとるため、刀身が斜めの平突きになります。

なお、宮本武蔵は疲れた時には刃が下向きの突きが有効と言っていますが、この場合は片手遣いで、突く先は下腹部になると思われます。

刃が下向きの突き

刃が横向きの突き（平突き）

刃が横向きの突き（平突き）

伝統的古流では常識的に用いられる突きで、「平突き」と言って、刃が横向きないしは斜めの突きです。

胸部には肋骨があるため、肋骨の隙間から刃が入るようにするには、刃が横向き、または斜めにして突く必要があります。さらにこの場合は、充分に刺さらなくても、接触した部位を押し切りしてゆくことになります。ですから対象となる部位は、首、胸、胴全部です。

全剣連杖道では用いられませんから、知っておいてもらえればよいでしょう。

特殊な突き（刃が上の突き）

古流各派で一般的なのは、平突きですが、流派によっては刃が上の突きをすることもあります。刀には反りがありますから、刃が下向きで喉を突くのは難しく、場合によっては手元を高く上げる必要を生じます。それを避けて近間で刀身を返して刃を上にして反りを反対に使って突く流派も存在するということを、取りあえず知っておくだけでよいでしょう。

なお、剣道形四本目のような捻り突きは、どの棒杖流派においてもほとんど用いられません。

いずれにせよ、突きの稽古は懐を広くし、左手で突くよう訓練してほしいものです。

⑼片手用法

理想的な片手切り

片手用法は、古くは前項で述べた「回刀用法」が多く用いられましたが、直線的切り方も用いられ、杖道の片手切りは十本目「正眼」と十二本目「乱合」に出てきます。

問題なのは、その際の手の内の使い方です。前項で述べた掌底の使い方を知らない者は、切っ先を止める時に掌を握り締めてしまい、概して右手の上側の筋を伸ばした切り方になります。この切り方は重い刀を使うと地面に切り込んだり、右腕を痛める可能性があり、望ましくありません。

両方とも刃筋はほぼ袈裟掛けと同様の刃筋で切り、相手の身幅を切っ先が通り過ぎたところで、掌底を使って刀身がほぼ水平で止めます。

十本目の場合、突いてくる杖先を見切って、右斜め上方向に抜刀し、右足の踏み込みと同時に左小手を切ります。その際、足はやや半身の足形ですから、当然胸郭も、腰もやや斜めになるのが自然です。

実際には、この場面で胸郭が正面向きになる人や反対に体を真横にしてしまう人も多く、これらは好ましくありません。

十二本目は、繰り放された後ですから、杖先が目の前近くにくるため、腰を左に捻りながらの片

片手切り　刃筋はほぼ袈裟掛けと同様の刃筋で切り、相手の身幅を切っ先が通り過ぎたところで、左手の掌底を使って刀身がほぼ水平のところで止める

左手を早く上げて、柄を摑もうとする迎え手はよくない

体が横を向く悪い例

手切りになります。

この時の刃筋も、相手の前の手を切るのですから、袈裟掛けに近い切り方になります。

十本目、十二本目ともに片手切りをしたところで左手で柄を持ち、太刀を止めるのですが、多くの人が「迎え手」と言って、左手が早く上がり、柄を摑もうとします。この癖をつけると、間合が近い場合、その手を杖先で突かれる、撥ねられるなどを生じますから、迎え手の癖をつけないよう、訓練することが望まれます。

具体的には、先ずゆっくり片手で斜めに切り下ろして、既記のように掌底を使ってほぼ水平で止めることを反復すること。次に水平に近くなったら左腰から手を前に出して柄を握る訓練をしたらよいと思います。人によっては、この止め方を「打止め」とも言います。

二刀と小太刀の遣いについて

全剣連杖道においては、対小太刀の形や対二刀の形はありません。しかし、全剣連杖道の基になった古流神道夢想流は、宮本武蔵の二刀に勝ったと伝えられる流派ですから、当然対二刀の形が数本伝えられており、小太刀の形もあります。したがって、杖道を学ぶ者は、二刀遣いの訓練や小太刀遣いの訓練も不可欠です。

また、二刀遣いというのは、刀の片手操作を覚えるのに適しています。実戦では、片手遣いをするケースが多いわけですから、片手操作に慣れておくことも必要なのはいうまでもありません。

剣の片手操作に習熟する必要がある理由は、剣を両手で持って遣った場合、両手の伸筋と屈筋と回転筋のバランスで効果が得られるわけですが、片手遣いの場合、それらを同時に遣うのは難しく、伸筋を遣う瞬間と屈筋を遣う場面がずれることになります。したがって、伸筋と屈筋を瞬間的に変換する必要があるわけで、普段片手操作の訓練をしていないと、片手遣いで戦いを続けるのは困難なのです。当然、左右両方をおこなう必要があります。

その稽古法はいろいろありますが、数種類だけ写真で説明しておきます。

二刀の構え

神道夢想流における二刀の構えは二種類しかありませんが、形にないから他の構えはないということではありません。ここでは基本的考え方と初歩的訓練の在り方だけを示しますが、形にない遣い方だから実戦ではないと思うべきではありません。さまざまなバリエーションについては、またの機会に述べます。

先ず持ち方は、右手に大太刀を左手に小太刀を切り手で持ちます。遣う時は、スナップを遣わないことを原則とします。また、特に小太刀は肘から先が刀身と考えることが大切です。

二刀構えの二種類を述べます。

第一に十字構えです。左手小太刀の切っ先を相手の左目につけ、次に右手大太刀を小太刀の棟に添えます。

乙藤市蔵範士の十字構え

第二に上段構えです。左手小太刀の切っ先を相手の目につけ、右手大太刀を上に高くあげ、上段にとります。

宮本武蔵が残した二天一流《にてんいちりゅう》では両手を水平にあげ、両切っ先を開いた「字の構え」を基本としますが、ここでは触れません。

また、特殊なものとして未来知新流《みらいちしんりゅう》のように左手が大太刀、右手が小太刀の逆二刀がありますが、これも今回は触れません。

二刀の稽古法

①振る時は、両手を同時に振りあげ、振りおろす。
②次に、左右を交互に振りあげ、袈裟に切る。
③両手を水平ラインで開き、閉じる形で切る訓練。次に斜めに両刀を開閉して切る訓練です。この開閉の切り方を通常「鷹の羽」と言います。

動く時は、すべてするすると歩み足でおこない、竹刀剣道のような飛び込み足はしません。なぜ二刀の稽古が必要か。二刀遣いの相手に勝とうと思ったら、自分が二刀を遣えなければ、その特性を理解できるはずがないからです。

二刀の十字構え

二刀の上段構え

二刀の稽古法　左右を交互に振りあげ、袈裟に切る

鷹の羽　両手を水平ラインで開閉する切り方

⑽帯刀姿勢

全剣連杖道における帯刀姿勢になる手順は、次のように定められています。

◆携刀姿勢から帯刀する時

携刀姿勢から、太刀を僅かに前に送り、右手掌を上にして親指を鍔にかけ、右手で柄を前に押し出しながら、左手を剣先近くに送り、左手で分けた帯の間に剣先を差し入れた後、柄頭が正中線上にくるように帯びる。

◆構えを解いた姿勢から帯刀する時

構えを解いた姿勢から、左手を柄から外して腹部にとり、右手で刃を上に柄を返しながら剣先を腹部の左手に送り、左手で分けた帯の間に剣先を差し入れる。左手親指を鍔にかけ、柄頭が正中線上にくるよう帯びる。

この文面で注意してほしいのは、剣先を入れる位置です。初心者は、概して左手をいちばん帯が固い位置である左腰にもってゆき、そこに無理に差し入れようとします。解説文の通り、左手を柔らかい腹部にとってそこに剣先を差し入れれば、容易に差せます。それから柄頭が正中線上にくるようになおしたらよいのです。

なお、竹刀剣道の稽古着姿では、帯を締めないで袴をつけますが、杖道では帯刀の形があるために稽古着の上に帯を締め、その上から袴をつけます。その場合の着付については、それぞれの指導者に学んでほしいと思います。使用する帯については、角帯、居合帯のどちらでとも規定されておりません。

また、刀を帯に差す場合、帯の一枚目と二枚目の間に差すのが一般的です。ですから、剣道連盟解説書の「左手で分けた帯の間」という表現は、正確には「左手の親指で帯の一枚目と二枚目を分けた間」ということです。

真剣では下げ緒の問題がありますが、全剣連杖道においては木刀ですから、規定されておりません。

全剣連杖道は柄頭が正中線

太刀を腰に差した姿は、大別して二種類あります。ほぼ水平に差した姿と落とし差しです。落とし差しは、浪人差しとも言われ、刀身が後へ下がった姿です。

全剣連杖道では、どちらとも規定していませんが、抜刀態勢になりやすい水平に近い差し方のほうが望ましいと思います。

全剣連杖道においては、組形の中で帯刀の姿になる形が二つあります。

十本目「正眼」と十二本目「乱合」です。これらの場合、刀の柄頭を正中線と決められていて、柄に手をかける時は少し腰が斜めになるため、柄頭が正中線から左にずれます。鯉口が正中線とするのが一般的ですが、これにはわけがあります。

特に十本目は、打太刀が柄に手をかけた瞬間に杖が水月を打ってきます。その時に柄にかけた手が正中線にあると、その拳も同時に打ってしまうこともあり、ケガをするので、その危険を避けるということなのです。

落とし差しの姿

水平に差した姿

全剣連杖道の帯刀姿勢の時、柄頭は正中線上に

⑾抜刀態勢

現実的な抜刀態勢と「形」という稽古態勢では相違があることが多く、また、古流各派により、その態勢は多様です。

居合腰という表現がありますが、抜刀態勢は、原則的には半身になるのが普通です。但し、全剣連杖道においては、普及用として取りあえず初歩的抜刀に慣れさせるためもあり、半身態勢の程度を規定しておりません。

この場合、初心者が注意すべきは、右肘が右脇から浮かないようにすることです。

五指で握ると逆抜きができない

本来「柄に手をかける」という表現はあっても、「柄を握る」とか「柄を鷲《わし》づかみする」という表現はありません。つまり、五指で握らないのが好ましいと思います。

なぜ「手をかける」形なのか。五指で握ってしまったら、もう逆抜きはないと相手に知らせることになります。いつでも逆抜きに変化できるようにするには、五指で握らないにこしたことはありません。だから「手をかける」なのです。

また、手をかける角度も注意を要します。柄に手をかける角度には一定の制約があります。なぜ

柄に手をかける時は五指で握り締めない

二本差しの場合、脇差があるため手をかける角度、切り下ろす態勢、納刀の角度に制約があることを知っておかなければならない。この写真の右手の角度の場合、脇差の柄頭に右手が当たる

なら本来、武士は最低二本差しであり、脇差を差しています。そのため脇差の柄頭が右脇前にあるので、手をかける角度も、切り下ろす態勢も、納刀の角度も、制約があるということを知らねばなりません。

これは脇差を差さず、一本しか差さないで訓練する人はわかりません。脇差を差してやればわかります。

全剣連杖道の打太刀としては、手をかける角度を規定していませんが、取りあえずは差した太刀をほぼ水平で手をかけるように覚えたらよいと思います。

理想的な抜刀方向

次に抜刀方向の問題です。

全剣連杖道においては、前に抜刀する形はありません。古流においては数本前に抜きつける形がありますが、これは例外的と考えて下さい。なぜそういう稽古体系なのか、古流をしっかり学ばないと理解はむずかしいので、取りあえず前に抜く訓練はしても、組形上は下がって抜くことを覚えて下さい。

既記した通り、全剣連杖道において太刀を抜く形は、十本目「正眼」と十二本目「乱合」です。

両形ともに、下がって「右斜め上」に抜くことになっています。なぜそうなのか。刀を抜く際に物理的にいちばん無理のない形をいうと次の通りです。

初歩的に考えて、鯉口といちばん遠いところはどこか。右手を右横斜め上に上げたところです。ということは、刀は胸郭と平行した線の斜め上方向へ抜けば、腰を捻る必要がないことがわかります。

つまり、刀は横に抜くものと考えるべきなのです。ですから、実戦的な抜刀態勢は半身で柄に手をかけるのです。

両形ともに、杖に攻めの先を取られた後の下がりながらの抜刀で、解説書では「右足から一歩大きく退きながら太刀を右斜め上に抜く」となっています。

ところが概して右足を左足の後に引いてしまい、真横態勢になってしまう者、あるいは足はほぼ正しくても、足形がやや半身にもかかわらず、胸郭を正面に向けてしまう者、右手が斜め上に上がらない者が多いのです。

理想的な抜刀方向　抜刀する時は、右足から一歩大きく退きながら太刀を右斜め上に抜く

これは、下がって抜くときは、鯉口を体に引きつけて、胸郭に沿って、鞘と対角線上に素直に抜けば、抜いた太刀は右斜め上にしかならないのです。

ですから、形の手順を覚える前に、無理のない自然な抜き方を覚え、訓練すべきと考えます。

抜刀の基礎訓練は立ち姿で

幕藩時代、時代が下がるにつれて各藩において居合を学ぶ者が増大しました。その理由の詳細は明らかではありませんが、戦争形態が鉄砲を中心とするものになったこと、旧時代の鉄砲は弾込めに時間がかかるため、戦場で弾込め中に敵に飛び込まれた時に如何に早く刀を抜いて対応するかが重要であり、そのために居合を平素稽古したものかもしれません。

黒田藩においても、幕末には砲術を家業とする家が増大しており、ほとんどの藩士が中和流《ちゅうわりゅう》を中心とする居合を学んでいます。神道夢想流の伝承者においても、吉村半次郎《よしむらはんじろう》、白石範次郎、藤本《ふじもと》照《てらす》などに中和流居合を学んだ記録があります。中山博道に神道夢想流杖術を教えた内田良五郎も流派不明ながら居合を学んでいました。

居合にも多々流派がありますが、現在見られる全剣連居合やその他の古流流派は、ほとんど一人でやる座り居合が主です。

しかし、戦場は基本的に屋外であり、立ち姿で動きながらの刀の早抜きができねば実戦には役立ちません。したがって、抜刀の稽古は、立ち姿で基礎訓練をすべきであると思います。座り稽古は、あくまで自分の家の中での一人稽古カリキュラムと考えるべきものと思います。

古流居合の流派はいろいろありますが、一人居合ではなく、相手とおこなう組居合しかない流派も多いのです。筆者が学んだ浅山一伝流《あさやまいちでんりゅう》も、無比流《むひりゅう》も一人居合ではありません。全剣連杖道においては、帯刀から抜こうとする剣を制する形が二本ありますが、その基となった神道夢想流では、抜刀対策の形が多くあり、打太刀が立ち姿のもの、座り姿のもの両方があるのです。

この事情により、杖の打太刀をする者は、居合・抜刀についても十分な訓練を必要とするわけです。

抜刀の基礎訓練の実際

刀の特性については別項で述べました。その刀をどう抜く訓練が望ましいかです。これは流派以前の問題です。筆者が主宰する神道夢想流杖心会《じょうしんかい》においては、次の訓練を定期的におこなっているので紹介します。

先ず基本的考え方として「刀は横方向に抜くものと思え」と指導されます。実戦上の居合腰は半身になるのが当たり前であり、左腰の刀の鯉口の位置と右手を斜めにあげた位置がいちばん距離があり、腰を回さなくても抜ける条件だからです。鯉口を体に引きつけ、体の前面と平行に抜けば、だいたい楽に抜けるものです。また、柄を五本の指で強く握ってしまう者が多いのですが、「刀の柄に手をかける」という言葉はあっても、「刀の柄を握り締める」という日本語はありません。なぜなら、それだけで抜刀の仕方と範囲が決まってしまい、それを相手に知らせることになるからです。例えば五本の指で上から強く握ったら、逆抜きはない、あるいは左手抜きはないと相手に知らせることになります。もちろん古流にはそれぞれ特有の考え方から、そのように稽古をする流派もあります。しかし、ここでは流派を超えて基本を示すのですから、その点はご理解下さい。

抜刀七法

1、正面への切りつけ、納刀。
2、左面への切りつけ、納刀。
3、右面への切りつけ、納刀。
4、右胴への払い切り、納刀。
5、右腿への切りつけ、納刀。
6、右逆手抜き、返して正面切り下げ、納刀。
7、正面への抜きつけ、突き、納刀。

以上の七法に慣れてきたら、手拭いで目隠しをし、抜刀、納刀を反復させます。目をつぶってこれができるようになったら、はじめて簡単な形を教えます。

次に左手抜き、その他の変化技を教え、動きながらの抜刀を数種類教え、以降本格的な相対形稽古に入ります。

正面への切りつけ

右逆手抜き

納刀

⑿納刀

現代居合においては納刀の際に血ぶりをしての納刀の在り方が重要視されますが、筆者は初心者には刀を鞘と対角線方向に抜き、行った道を帰る形で納刀させます。基本的に血ぶりはさせません。私が学んだ一伝流や無比流に血ぶりがないだけでなく、血ぶりの意味に疑問をもっているからです。経験したらわかることですが、もし人を切り、血糊がついたら懐紙で拭くぐらいでは取れません。筆者は若い時に、稽古中に二カ所腕の静脈を切ってしまい、刀身についた血糊がとれずに苦労した覚えがあります。血糊がついたまま鞘に差し込んでしまったら、鞘の中に血糊がついてしまい、鞘が使えなくなります。ですから、練習で抜いた刀は素直に鞘に納めればよいと考えています。

⒀古流杖術と全剣連杖道の太刀遣いの相違点

古流との相違の理解

現代の全剣連杖道が、元の古流とどう違うのか。太刀遣いが変わったから杖の遣い方が変わったと他の項で述べました。細部はいろいろありますが、いちばん明確なのは「繰り付け」という動作の前半部分です。これについては、全剣連杖道が昭和四十三年に制定され、翌年五月の京都大会時に打太刀清水隆次範士、仕杖乙藤市蔵範士で公開演武がおこなわれましたが、その時のことを乙藤範士は次のように述懐されています。

「わしはその時までに全剣連杖道がどこをどう変えたか聞かされていなかった。指定された技をそのまま遣ったのだが、『繰り付け』の前半動作の時、わしが手首をすくおうとしたら、清水先生がぐっと力を入れて、すくうのを止めた。それで変わった部分を理解した。」（実際は博多弁）

ここが打太刀側としてもいちばん問題であるところなので、時代を遡りながら解説書の該当部分の表現の推移を示します。

①現在の全剣連杖道解説書（平成十五年施行）

目的「打の小手を下からすくい」

本文「太刀の中柄を下からすくう」

②旧全剣連杖道解説書（昭和四十三年施行、以降部分改訂を重ねながら平成十四年まで用いられた）

目的「打の両甲手を下からすくい」

本文「太刀の柄を下からすくい」

③清水隆次校閲『杖道教範』（錬武館発行、昭和四十二年刊、これが全剣連杖道制定の下敷きになった）

目的「打の両甲手を下方からすくい打ちし……」

本文「太刀のツカを打ち止める」

「繰付」古流　太刀が返る

逆側の場合

「繰付」制定形　太刀が返らない

逆側の場合

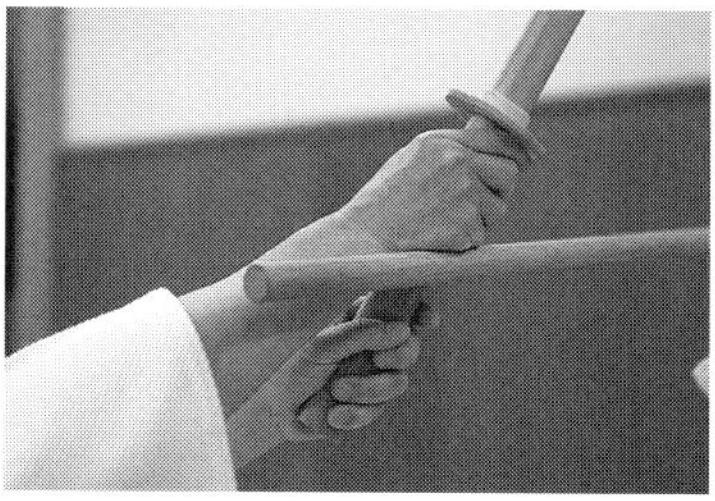

④乙藤市蔵監修　松井健二編著『天真正伝　神道夢想流杖術』（平成六年刊、元の古流の全容解説）

元の古流には基本というものはないので、「霞」より該当部分を抽出する。

本文「杖先で打の左手首をすくい右足を進め、目間を攻める」

ご覧の通り、元の古流においては相手の目間を攻める途中経過として打の手首から手の甲をすくい打つわけで、これが危険を避ける普及形になった時、徐々に「中柄をすくう」という表現になったことが判ります。③で清水先生は「両甲手を下方からすくい打ちし」と原型を意識した表現をしていることは注目されます。これが全剣連杖道として制定された時、「打つ」という言葉が消えた結果、現代では「すくう」というとらえ方しか意識されず、現実には中柄に杖先をあてることに集中するという事態になりました。

そのため、打太刀がこの場面で手首を固めてがんばってしまう弊害を生じています。

実戦では打は手首、手の甲を打たれると全身に痺れが走り、力が抜け、体が浮き、崩れやすくなります。杖術は本来捕手技ですから、杖側にして見れば、打の体が崩れやすくならなければ、繰り付け、繰り放し、体当たり等の技がかかりません。また、他の項でも述べましたように、杖術における打太刀は、杖を育てる立場ですから、実戦で生じるであろう崩れの前提を体現してあげる必要があるわけです。

ですから稽古上は、杖先が柄に対して当ててきたら、瞬時に手首と肘を脱力することが要求されます。さらに、指導者によっては脱力し過ぎて腕全体の重さをかけてしまう者がいますが、これも杖を育てることになりません。打の手首が浮いているからこその次の杖の崩し技だからです。

もし私が杖なら、打の手首の重さを感じたら、それに抵抗せず、別のことをします。杖術を学ぶ際に充分な理解が必要なのは、「杖には杖の立場があり、太刀には太刀の立場がある」ということです。

普及形になった時の切る位置の変更点

杖道においては、現代剣道の概念に合わせた普及形になった時、元の古流と切る位置が変わったところがあり、代表的なものを挙げます。

◆九本目「雷打」の場合

制定形における、仕杖の「二の腕を切る」は、古伝古流では、仕杖の「左小手を切る」です。正眼に構え合った位置からは「二の腕」はいちばん遠いところです。しかし、剣道では中段に構え合ったところからの左小手がないため、取りあえず切っていく刃筋はほぼ同じだから、初心者用としてはそれでも良いと判断されたのだと思います。ただ、この切り方は初心者には大変難しく、棒立ちの者はほとんど切っ先が「二の腕」に届きません。歩幅は重心移動幅であることを理解し、腰を落とした構えから歩幅の重心移動を使う稽古が必要です。

◆いくつかの胴を切る場面

「太刀落」古流の太刀遣い

「太刀落」制定形の太刀遣い

制定形における、仕杖の「胴を切る」は、古伝古流においても稽古上は、仕杖の「胴を切る」なのですが、実戦上は「腿を切る」が多くなります。腰を落として歩幅を広くとった運体の場合、「腿」が近くなるケースが多いからです。とはいえ、刃筋はほぼ同じです。

元の形と違う「太刀落」の太刀遣い

形の名称は同じでも、全剣連杖道が元の古流と形、理合が違うことになったものが、随所にありますが、代表的なものとして最も重要な「太刀落」を例として説明します。

全剣連杖道八本目に位置付けられている「太刀落」は、古流では「表」の一本目に位置します。この「太刀落」が元の古流とは杖も太刀も違います。この形は近代に変化技として考えられたもので、昭和三十年代の清水門下は最初に古流（福岡道場系）を学び、「中段」「乱合」を学んだ後、裏技として学んだものであり、それが全剣連杖道に採用されたものです。

形の繰り付け以降の後半は、手順的には元の古流と変わりませんので、前半の手順を追って比較します。

◆A、現在の全剣連杖道・解説書（平成十五年施行）

八本目　太刀落

仕　常の構えで相手を注視する。

打　八相に構えて間合に進み、中段に構える。

仕　右足を退きながら左手を逆にして杖先を握り、左足を退くと同時に杖尾を後から上に回し、右逆手に構えて太刀と合わせる。ついで右足を左足の斜め前に踏み出して体をかわしながら杖を両手いっぱいにとり、左足を踏み出し①、逆手打で頭部を打つ②。

打　左足から左横に開くと同時に両手を頭上にし、太刀の中央部で杖を受け止め、さらに左足を踏み込むと同時に太刀を頭上で回して「仕」の右首を切る③。

仕　杖先を左斜めいっぱいにとりながら腰を捻り④、杖尾で斜め下より「打」の小手をすくい⑤、両足を組んだまま真半身となり、杖を頭上に上げて杖先を顔面に付ける⑥。繰付の要領で右足を踏み出して、太刀を「打」の下腹部に繰り付ける。

打　右足から退き繰り付けられ、さらに左、右、左足と後退する⑦。——以下略——

「太刀落」制定形の太刀の首の切り方

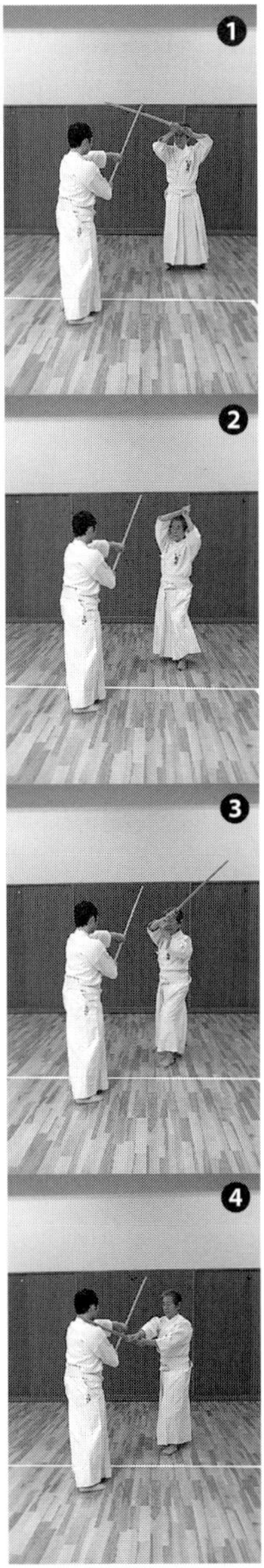

「太刀落」古流の太刀の首の切り方

◆B、元の古流の場合　『天真正伝　神道夢想流杖術』乙藤市蔵監修　松井健二編著（平成六年刊）

「表」一本目　太刀落

打　太刀を敵づけする。

仕　常の構えで相手を注視する。

打　耳構えで間合に進み、静かに正眼に構える。

仕　打が間合にはいるや、左手で杖先を逆手で握り、わずかに右足をさげ、ついで左足を後にさげながら、杖尾を後方から上に回し、右逆手正眼に構えながら打とあわせる。

右足を左斜め前に踏み出して、左から大きく回りこみながら①左逆手打で打の右霞を打ち②、それを受け止めた太刀をすぐに手の内で押さえる③。

打　左足を左横に移しながら両手を頭上にとり、太刀先を右横にして杖を受止め、右足を左足に引き付け（仮足）、押さえられた太刀を抜き、右足を踏み込んで左斜め上から仕の右首つけ根を切る④。

仕　左足を左横に移しながら左手を杖先にすべらせて、両手いっぱいに杖をとり、右足を打の中心方向に踏み出すと同時に右手を六分すべらせて頭上にあげて太刀の左手首をすくい⑤、杖先で打の目間を攻め⑥、右足を踏みこんで太刀を繰りつける。

打　右足から一歩さがって半身で繰りつけられる。ついで左足を右足に引きつけ、右足からさがるとともに仕に正面向きになりつつ、繰りつけをはずす⑦。

——以下略——

以上の要点を対比表にします。

A　全剣連杖道・普及形古流	B　元の古流
①杖が打っていく角度 斜めに踏み出した右足を軸点として左足を出	斜めに踏み出した右足が軸点となるが、次の

す。

②打つ位置

角度的に頭部となる。

③打ち押さえと太刀側の押さえの抜き

こちらには無い。

④首を切りにいく時の踏み出す足の相違と刃筋

踏み出す足は左足。切り方は頭上で回しての右首だから刃筋はほぼ横からになる。

⑤太刀の手元をとる時の態勢

足を動かさず、その位置のまま腰を捻って杖を頭上にあげて打の小手をすくう。

⑥小手をとった時の杖先

顔面につける。

⑦さがり方

右足から退き繰り付けられ、さらに左右左足とさがる。

左足を大きく左から回りこんで打っている。

角度的に右霞となる。

受けた太刀を杖がすぐに押さえる。したがって太刀側はそれを外す抜き動作が必要となる。

踏み出す足は右足。切り方は抜きあげた角度から右袈裟に近い角度の首のつけ根となる。

左足を左に開き、右足を踏み込みながら打の手首をすくう。

目間を攻める。

左足を右足に引き付け、右足からさがるとともに仕に正面向きになりつつ繰り付けを外す。

これらの相違の中で、最も大切なのは③と④の部分である。元の古流では打った瞬間に手の内で押さえる（粘りをかける）。そのため太刀側はそれを外して（粘りを剝がす）切らねばならない。粘りをかけられた時、左足に負荷がかかるため、一度右足を引き付けることにより粘りを剝がし、次いで右足の踏み込みで切ることになる。ところがAにおいてはこの押さえがないため、太刀はすぐさま左足を踏み込んで切ることになる。太刀の「二の太刀遣い」が早くなるわけである。したがって、切り方もAの場合は頭上回刀の横刃筋による首の横からの切りになり、Bの場合は右袈裟掛けに近い刃筋で首のつけ根を切ることになります。

ところが普及形であるAの頭上回刀が現代人にはできません。回刀の基礎訓練をしていないからです。また、左足の踏み込みで切る時には、左爪先を開いて左腰が出ないようにしないと左肘が縮むか、組み手になり、手の内が決まりません。その基礎訓練の必要性については、回刀の項で述べた通りです。

元の神道夢想流は捕り手技ですから、相手に接触したらすぐに「崩し」をかけるのが特性であり、二の太刀を早遣いさせないことが重要なわけです。瞬時の粘りをかけないで、太刀に二の太刀を早遣いさせても対処して見せるという趣旨のものがAなのである。この事情を知らぬ者が、乙藤先生は剣道の影響を受けて右足を出しての切りに変えたという者まで出たのはいかがなものでしょうか。

剣術「八通大太刀」（神道流剣術）で学ぶこと

神道夢想流の稽古は、通常打太刀は目録以上の者がおこない、目録を得ていない者は杖のみを学ぶのですが、ひと通り各段階を学び、奥伝「仕合口」を終えると剣術として「八通大太刀、四通小太刀」（神道流剣術）を学びます。この段階まで来た者は福岡道場においては、剣術の稽古を先におこない、その後に杖の稽古に入ります。

しかし、最近はこの形態を踏襲せず、早目に剣術を教えるグループも増えました。私が主宰する神道夢想流杖心会においても、剣遣いを習得させるために、早目に剣術を指導しています。

その全容は、拙編著『天真正伝　神道夢想流杖術』（壮神社刊）を参照していただくとして、ここでは太刀遣いの技術として十分な理解と体現を必要とする神道夢想流の表一本目にある「太刀落」（全剣連杖道八本目の原型）の打太刀がおこなう受け返しの技術が、剣術七本目の「受返」にあるので参考例として解説します。

また、「八通大太刀」の一本目である「合寸」が、回刀用法の項で述べた回刀の形における訓練であり、杖を相手にする形には出てきませんが、古流剣術としては常識的用法であるため、参考までに解説しておきます。

◆「受返」〔うけかえし〕

この形は、「受け返し」と「受け流し」の相違を学ぶことを主旨としていますが、なぜか清水隆次先生は名称を「受流」とし、形の手順としても「受け流し」だけとして伝えられました。ここで

「受返」

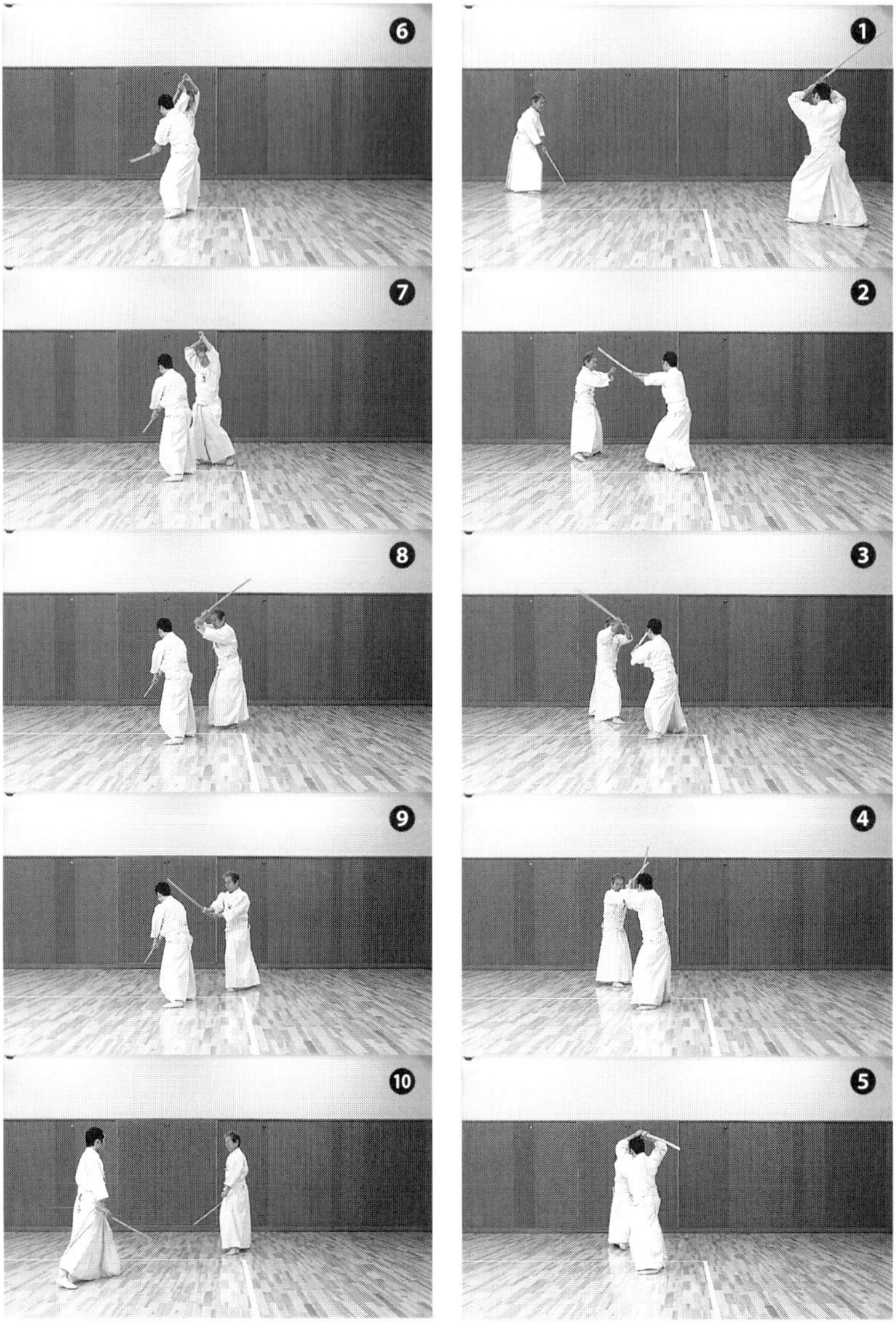

は元の古流のものを例示します。以下打太刀を△、仕太刀を○として表示して手順を記します。

△　上段にとって間合に進む。
○　下段にとって間合に進む。
△　○の正面に切りつける。
○　左足を左斜め後ろに引き、刀身を横にして△の太刀を受け、右足を左足に引きつけて仮足になりつつ、太刀を抜きあげ、右足から踏みこんで、△の正面に切りつける。注①
△　左足を左斜め後ろに引き、刀身を横にして○の太刀を受け、右足を左足に引きつけて仮足になりつつ、太刀を抜きあげ、右足から踏みこんで、○の正面に切り下ろす。注②
○　右足から大きく△の右側に踏み込みつつ、手元を頭上にあげて、△の面の切り下ろしを受け流し、左足を引きつけ、左足重心で右回転し、右足を引きつつ、体の向きを変え、△の首を切る。注③
△　右足、左足とさがって、残心を示す。
○　右足を左足に引きつけて立つ。
○△共に同時に元の位置までさがる。

注①②ともに「切りつけ」に対する間合をとっての「受け返し」ですが、ここで注意を要するのは相手の太刀を受けた

「受け流し」

「受け返し」

あとの「右足を左足に引きつけて仮足になりつつ、太刀を抜きあげ、」という部分です。一般的にはこの「仮足になる」ことが難しく、かつ「太刀を抜きあげ」ることができません。乙藤先生は「ちょっと背伸びするごとあると言うと、本当に背伸びしてしまう。」と頭を抱えておられました。「仮足になる」ということはどういうことか、「太刀を抜きあげ」るとはどういうことか、工夫を要するところですが、これができねば神道夢想流一本目の「太刀落」の正しい打太刀はできません。

注③ここで切り下ろしてくる太刀に対して間を詰めて「受け流し」を学ぶことになります。

このように、この「受返」という形で、古流剣術の「受け」の基本的技術である横回刀による「受け返し」と「受け流し」の技術を学ぶのです。

◆「合寸右」（あいすんみぎ）（合寸には右と左がありますが、右だけ例示します）

○△共に敵づけし、共に耳構えになり、間合に進み、相晴眼に合わせる。

○△共に同時にわずかに左足からさがり、右足を引きつけ、耳構えになる。

△　左足、右足と踏みこんで○の正面に切りつける。

○　右足を右斜め前に出しつつ、下から太刀を車様に回し、△の左小手を下から切り上げる。注④

△　右足を引きつつ左上段になる。

○　左足を踏みこみつつ、太刀を右上から回し返して△の左小手を押し切る。注⑤

△　右足からさがって太刀を下ろす。

「合寸右」

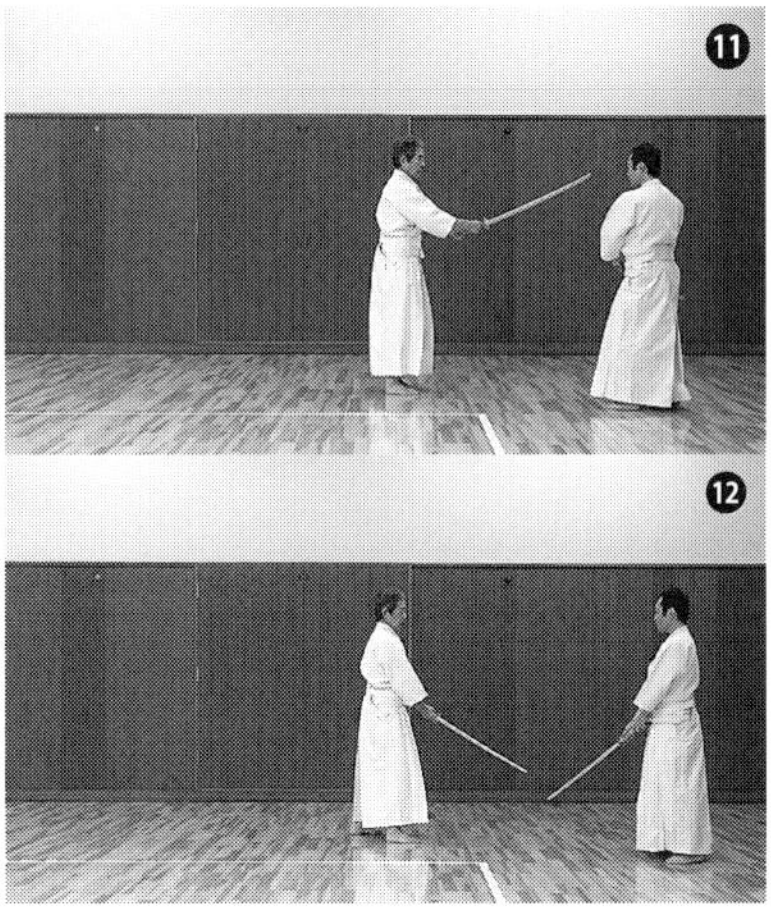

○　右足を前に踏み揃え、太刀を下ろす。

△　左足を引きつけて踏み揃える。

○△共に同時に元の位置までさがる。

注④は、古流剣術としては常識的な下からの回刀による切り上げですが、現代人にとっては半身になることが意外に難しいようで、胸を向けて手を伸ばし過ぎる者が多く見られます。この形では耳構えからの下からの回刀ですが、脇構えの場合でもよく用いられる用法ですから、習熟しておくにこしたことはありません。

注⑤は、これも常識的な上からの縦回刀による切り方ですが、実戦上は△が左手の握りをはなして切りを避けることがあり、その場合は袈裟切りになります。

注④⑤ともに、一般的に右手の握りが強い者はスムーズに太刀を下から上に返せません。工夫を要するところです。また、注⑤のところは歩み足です。

⒁打太刀の系譜と歴史的変遷

夢想権之助が学んだ流派

神道夢想流を創始した夢想権之助は、塚原卜伝高幹の高弟でもあった真壁の城主真壁久幹（道無）の重臣櫻井大隅守吉勝に学んだとされます。櫻井大隅守の伝系上の師は小倉上総介（守）吉次で、奥羽永慶軍記によれば手這坂における小田勢との戦いにおいて小田軍の首十三騎を討ち取った豪傑です。伝系の傍証としては櫻井大隅守の子である櫻井霞之助の子孫が伝え残した伝書が多数あり、大隅守が真壁道無、小倉上総介等から新當流の伝を受けているのが確認できます。

ということは、夢想権之助は櫻井大隅守から新當流を学んだと確定することができます。

つまり、口承される神道流を学んだとするもの、あるいは霞神道流を学んだとする考え方のいずれも傍証のないものとして否定せざるを得ません。

ちなみに当時の新當流は松本備前守創始内容と同じであり、剣、槍、長刀、突棒など多岐に亘りますが、櫻井家の伝書においてもそのすべてが確認できるということは、夢想権之助もそれらすべての伝を得ていたと考えられます。もちろん剣は「一の太刀」「霞の太刀」「魔の太刀」等高度な太刀遣いを伝授されていると思います。

但し、拙編著『天真正伝　神道夢想流杖術』に記載したように夢想権之助が創始した流名は「真道夢想流」です。

幕末に至るまでの変遷

真道夢想流という名称が確認できるのは四代にあたる樋口半右衛門が横田半三郎に宛てて出した杖術の伝書のみです。夢想権之助は表芸としての剣も伝えたはずなのですが、剣の伝書が残っていないということ、樋口半右衛門から伝を得て別派「新當夢想流」を立てた原田兵蔵や次世代の原志右衛門にも剣の伝書が残っていないこと、七代に当たる永富幸四郎が夢想流の全技名称を使って「一達流剣術」の伝書を残したことを考え合わせると、この時点で夢想権之助の剣術は稽古はされていたものの、失伝部分が多く、永富幸四郎が再構築したものと考えられます。

その後、新當夢想流は、神道夢想流と称されることになりますが、剣術の伝書が別につくられることなく、幕末近くなって神道夢想流杖の伝書中に「八通大太刀」「四通小太刀」と記載されるようになり、流派伝系の再考証をおこなった幕末の師範役平野能栄の時代から、これら剣術部分を取り出して「神道流剣術」と称するようになったようです。

とはいえ、神道夢想流杖の稽古体系は剣を相手とすることは変わっていないのですから、打太刀の特性は新當流の流れと言えると考えられます。

明治維新後の変容

明治維新後、白石範次郎により左慶次郎、高山喜六、清水隆次、乙藤市蔵他に神道夢想流が伝えられ、昭和二年の白石範次郎没後は高山喜六の自宅道場（福岡道場）において稽古が続けられました。

この高山喜六師範は気性が激しく、その剣遣いは、乙藤市蔵師範によれば「示現流のごとあった」と言われます。この高山師範の時代に当流の普及が図られたのですが、本来の神道夢想流杖は、剣に早い二の太刀を使わさせない術技を本旨としてきたものを、剣道関係者に対して説得力を持たせるために、剣に早遣いさせて、それを制する形に変更した部分が多くあり、杖の技そのものも、太刀遣いも変容したものと考えられます。但し、この時点から昭和三十一年に全日本剣道連盟に加入し、剣道連盟の構えに合わせるようになるまでは、打太刀の八相は大八相であり、筆者などは最初は大八相で遣っていました。大八相と言っても人により違いがあり、清水門下の民間人の古い者は手元をぐっと高くとり、福岡の乙藤門下は右手の握りが右耳にくる通称「耳構え」でした。

昭和四十年代以降の多様化

その後、昭和四十三年に全日本剣道連盟杖道が制定され、打太刀の構えが日本剣道形に準じたものとして徹底されるようになり、剣の使い方が現代剣道の使い方に準じて指導されるようになりました。特に東京においては清水隆次師範の没後は、警視庁機動隊出身の指導者は警視庁剣道の大先生達の影響を強く受けたためか、古流の稽古においても日本剣道形同様の使い方をするようになりました。

一方、全剣連杖道形が制定されたのと同時期に福岡の乙藤市蔵師範は地元福岡の某名士から白石先生が伝えた通りのものを教えてほしいと要望され、福岡道場として変更していた古流を、白石先生から教えられた原型に戻して指導するようになりました。

この事情により、神道夢想流は大別して元の古流の形、福岡道場系の形、警視庁剣道系の形の三つの流れになったわけです。太刀遣いも変容し、いちばん如実に変容したのは八相の構えと切り方です。古流の元の形を墨守する者は、耳構え、ないし大八相から一気に切りつけ、あるいは切りおろしをするのに対し、普及用に変容した古流を遣う者たちは、剣道連盟の鍔元が唇線にある八相に構え、切りつけ、ないし切りおろしを煽っておこなうようになりました。つまり全剣連杖道と同様の太刀遣いをするようになったわけで、元の古流の理合から乖離した部分が多くなりました。

全剣連杖道の基となった真の理合を考える土台を築くためにも、なんとか元の古流を学んだ上で、これからどうあるべきかを考えてほしいと願って已みません。

神道夢想流の系譜と伝系表示

これは清水隆次、乙藤市蔵両師範の師、白石範次郎先生までを示したもので、免許状記載のものです。

一般的にこのような羅列があると、師匠から弟子の列記だと理解してしまいますが、神道夢想流の場合は全く違います。

この列記は、永富幸四郎以降は、春吉師役系と地行師役系を混合併記したものであり、そのために必ずしも師匠から弟子の関係でなく、兄弟弟子関係が時系列的に並んでいる部分もあり、白石範次郎先生まで流祖夢想権之助より二十五人を数えます。免許状等の書き洩らしもあり、伝系に混乱が生じたこともありましたが、これは乙藤師範の晩年に現存の清水・乙藤門下の免許者が確認し、今日まで異議のないところです。

神道夢想流杖術には、他流のような「宗家」は江戸時代を通して、現在まで存在しません。したがって、白石先生から免許皆伝を授かった方々は等しく「二十六代の統」となります。これは、日本古武道振興会会長（当時）であられた小笠原清信先生が、白石先生までの独特な表記をご覧になってこの「統」という表現を乙藤先生に示唆されたことに始まります。したがって、清水・乙藤両師範より免許を授かった者は等しく二十七代の統となります。

伝書には春吉師役、地行師役とは書かれていませんが、ここでは判りやすくするため、筆者が付しました。（春吉、地行とは福岡の下士・足軽等の住居地域名で、藩の行政上、指導者として任命された者を師役と称しました。）

飯篠山城守家直
松本備前守政信
松本右馬允幹康
小神野播磨守定勝
小倉上総介吉次
櫻井大隅守吉勝
夢想権之助勝吉
小首孫左衛門吉重
松崎金右衛門重勝
樋口半右衛門勝信
原田兵蔵信貞
原志右衛門氏貞
永富幸四郎久友
大野久作友時（春吉師役）
小森清兵衛盈章（地行師役）

藤本平吉詮信（地行師役）
永富甚蔵友載（春吉師役）
畑江久平則茂（春吉師役）
小西文太友諒（春吉師役）
渡辺辰助充豊（春吉師役）
平野吉三能栄（春吉師役）
吉川和多留利正（春吉師役）
平野三郎能得
香下只七（地行師役）
浜地清市信敏（地行師役）
加納伊七信利（地行師役）
大隅新八信勝（地行師役）
西田武吉森茂（地行師役）
横田延次尚正（地行師役）
吉村半次郎義信
白石範次郎重明

神道夢想流杖術略系図

- 夢想権之助勝吉
- 小首孫左衛門吉重
- 松崎金右衛門重勝
- 樋口半右衛門勝信
- 原田兵蔵信貞
- 原志右衛門氏貞
- 永富幸四郎久友
  - （地行師役）小森清兵衛盈章
    - （地行師役）藤本平吉詮信
  - （春吉師役）大野久作友時
    - （春吉師役）永富甚蔵友載
      - （春吉師役）小西文太友諒
        - （春吉師役）平野吉蔵能栄
          - 平野三郎能得 → 白石範次郎重明
          - （春吉師役）吉川和多留利正
        - （春吉師役）渡辺辰助充豊
      - （春吉師役）畑江久平則茂
        - （地行師役）浜地清市信敏
          - （地行師役）大隈新八信勝
            - 吉村半次郎義信 → 白石範次郎重明
            - （地行師役）横田延次尚正
            - （地行師役）西田武吉森茂
          - （地行師役）加納伊七信利
        - （地行師役）香下只七

- 白石範次郎重明
  - 乙藤春雄
  - 乙藤市蔵勝法（福岡道場二代師範）
    - 上甲一男
    - 松田省三
    - 高河鉄太郎
    - 川崎三郎
    - 波止成徳
    - 肱岡茂久
    - 伊橋典之
    - 篠原　武
    - 冨永彰三
    - 矢野庄一郎
    - 青野　徹
    - 大西富男
    - 松井健二
    - 松村重紘
    - 加藤勝幸
    - 斎藤勝彦
  - 清水隆次克泰
    - 浜地光一
    - 中島浅吉
    - 米野光太郎
    - 廣井常次
    - 神之田常盛
    - 西岡常夫
  - 高山喜六武勝（福岡道場初代師範）
    - 高山重喜

注1：永富幸四郎門下において春吉系、地行系の二系に分岐し、明治時代に吉村半次郎、平野三郎により二系の統合が図られた。

注2：現代の清水門下については、極意皆伝となっていない方は省略。

II

武術の基礎としての身心の学び

(1)文武を分かたず

　武道の修行は、身体を鍛錬し、武器術や体術の術技を身に付けるものだけではないことは言うまでもないことです。『平家物語』には木曾義仲の手書《てかき》（書記）であった儒者あがりの法師武者の太夫房覚明に対する「あっぱれ、文武二道の達者かな」という称讃の言葉が見られる一方、『平治物語』では平治の乱の首謀者の一人であった公卿の藤原信頼に対する「文にもあらず武にもあらず」という酷評もよく知られているところです。武の達人、文の識者に対する互いの尊敬は大江匡房《おおえのまさふさ》と源義家との故事を挙げるまでもないことですが、平安末期から鎌倉時代には「文武二道」にしっかり通じた新たな人物像が生まれても来ましたし、求められるようになったと言えるでしょう。後世、源頼政や平忠度が慕われたのもこのためです。

　武士が政治的にも社会の中心を担う時代の到来とともに、武士自身も武芸一辺倒では済まされない、最低限の学問や教養が必要な時代が始まり、それは度重なる戦乱とつかの間の平和の長い年月をかけて、ようやく江戸時代中頃までには今日我々が思い浮かべる「お武家さま」のイメージが理想像として完成したとも言えます。遠く鎌倉から江戸中期までのこの間に、わが国の宗教も学問も武芸をはじめとする諸芸道もほぼ完成しているのも見逃せません。当然、そこにある武士像は目に一丁字もない剛の者ではなく、武術とともに和漢の素養を身に付け、文芸や茶の湯をも嗜む、文武二道を生きる武士の姿でした。そうした武士にとっては、文武は二道でありながら文武は分かたずというものでもありました。そしてまた、武士は常に「生死《しょうじ》」を見据え続けて生きる存在であったことは言うまでもないことです。

もちろん、誰もがこのような武士であったわけではありませんが、かく在りたいという願いと覚悟は今日までさまざまな形で生き続けていると思います。新渡戸稲造の『武士道』が現代のサラリーマンの隠れたベストセラーになっているのも、かつての理想像の持つ何かが現代人をも引きつけてやまないからなのでしょう。私は、ここで武士や武士道について解説するつもりはありません。しかし、武士が確かに学んだであろう武術に関してのみ考えれば、たかだか百数十年前まで当たり前であった生活の感覚、自らのいのちに対する感覚、それを取り戻さない限り、かつての武士がいのちを賭して学んだ武術には一歩も近づくことはできない、ということだけは申し上げたいと思います。また、古典に対する知識の不足、和漢の教養の欠落は、私のような浅学な者から見ても目を覆いたくなるのが今日武道を学ぶ者の裾野の現状だと言わざるを得ません。

現代において武道を教授する場合、実にさまざまな方が稽古に見えられます。教授者は武術の形だけを教えていればいい時代ではなくなりました。例えば、道場の床の間に、もし鹿島大神・香取大神の掛け軸が掛かっていたとしたら、武道の神様だというだけでは恐らく納得はしてもらえないでしょう。なぜここに掛けているのかという教授者の心構えまで、きちんと説明できなくてはなりません。あるいは、一般にもよく知られている兵法書など古典や宗教書の意味を質問されることもあります。『孫子』『五輪書』どころか沢庵禅師の『不動智神妙録』などの質問を受けることもあります。時には質問者の方が専門知識のある場合や深く読み込んでいることもあり、逆に教授者の方が教えられることもあるでしょう。『葉隠』について尋ねられたら、「死」の意味を教授者自身も考える必要に迫られます。教授者自身もこれでよしとせずに終生学び続ける求道心《ぐどうしん》と柔軟心《にゅうなんしん》がなくては、とてものこと現代において武道を伝えることはできません。そして、言葉を尽くして教えられるものと、言葉だけではどうしても届かない世界があることを、師弟ともに武道を通して学んでいくことが肝要です。

　そのために私が今日の急務であると考えるのは、先ずは少しずつでもよいから、一人ひとりが自らの身心の感覚を鋭敏にし、繊細なものにすることです。鈍感な身心のままでは、古人が武術の修行中に抱いた疑念も恐れも生まれません。ましてや工夫の中での反省や気付きなどあり得ようがないのです。そこで、私が実際に体験し、私の弟子達にも課している身心の鍛錬法のごく一端をするしたいと思います。これらは、古武術の修行の助けになるのみならず、杖道や剣道などの現代武道の稽古にも必要なことと思います。

⑵百箇日修行

私が学んだ神道夢想流では、幕末までは免許皆伝の印可を受けるに当たっては、その前に「百箇日修行」ということが課せられていました。それを満行してはじめて相伝が許されたと言います。その伝統がいつ頃まで遡れるかははっきりした史料が残されてはいませんが、幕末の神道夢想流の中心的な指導者であった平野吉蔵能栄（一七九八〜一八七一。勤王の志士の平野次郎國臣の父）が、「百箇日修行」をさせる弟子のために藩庁に届け出た休暇願が現存しています。しかも、公用に障りがないように百箇日を分散させても構わないから遂げさせてほしいという願書です。残念ながら、その百箇日におよぶ修行内容は一切伝わってはおりません。私は免許皆伝の前におこなわれたというこの「百箇日修行」のことが多年に亙り気にかかり、江戸期から明治までのさまざまな文献を調べてみても信頼に足る記録はなく、その内容は杳として分からぬままでした。幕末の伝書に宝満菩薩としてわずかに記述のある太宰府の宝満山などをはじめ一円の寺社を詳しく調査しても、江戸時代を通じて神道夢想流との明確な関係も痕跡も見出せませんでした。

私が「百箇日修行」を模索し続けていた頃のことです。私の指導する稽古場の一つである、つくば杖道会（茨城県つくば市）に、加藤圓俊先生という方が入門して来られました。加藤先生は天台宗の僧籍にある方で、密教も天台宗だけでなく真言宗にも造詣が深く、修験道にも精通するという誠に希有な方でした。また自身の道場を開いて気功法や空手を指導されておられましたが、各門派の中国拳法、東洋医学にも実によく通暁されていました。そして、武道と密教の修行で練り上げられた加藤先生の身体能力は、初めて杖道を習われたとはとても思えないものがありました。

ある日、私が多年手掛かりが摑めずにいた「百箇日修行」について意見を求めたところ、加藤先生は即座に「それは、修験道の行に違いありません。しかも、あまり激しい水量のない瀧での瀧行が中心でしょう」と言われたのです。平野能栄の息子の平野三郎能得が修験道から「九字《くじ》密法《みっぽう》」の伝を授かったという記録があることを咄嗟に思い出した私は、これで長年の疑問が一挙に氷解した思いでした。

加藤先生は、言われます。「今は瀧行と言っても本当の指導者がほとんどいなくなってしまい、誰もが立ち腰のまま瀧に打たれているが、本格的に瀧行をするならば、とても立ち腰では勤まらない。しっかりと腰を落とした四股立ちでなければならない、四股立ちで踏みしめて印を結び、真言を唱えて丹田から呼吸すれば、水量が増えたとしても大丈夫だ。」と。

瀧行により身体に漢方でいう瀉法《しゃほう》のかかり過ぎた場合は呼吸法で補法《ほほう》し、読経や坐禅の合間には杖や剣の一人稽古をする、という私なりの「百箇日修行」の糸口が見えて来たのです。

こうして、私は、加藤先生に大先達となっていただき、先人達の身心を培ってきたに違いない大切な行法について親しく教えを受けることとなりました。どんな行法でも、独り合点のものほど危険なものはありません。必ず正師《しょうし》について指導を受けなければ、かえって自らの身心を損ない、時には命を落とします。私の弟子達も加藤先生に教えを受けて、如法に瀧行を修しました。通常の道場とはまた違った形で四股立ちの加減や丹田の養い方を身に付けるなど身体的な広がりばかりでなく、何よりも自然との入我《にゅうが》我入《がにゅう》を理屈抜きに体験として学ぶこととなったのです。行を重ねることに、私も弟子達も身心が内側から変わっていくことを実感しました。

瀧行をする筆者

加藤圓俊先生は先年惜しくも示寂されました。杖の上では私の弟子でも、私にとっては「百箇日修行」を再構築したい、ひいては流祖夢想権之助に少しでも直に近づいた修行をしたいという私の願いを聞き届けて下さった掛け替えのない大導師でした。今に感謝に堪えません。

⑶神・仏・儒の学び

日本武道の淵源は、記紀の国譲りの神話に登場する鹿島神宮に祭られる武甕槌《たけみかづち》の神、香取神宮に祭られる経津主《ふつぬし》の神とされます。そのため、鹿島神宮、香取神宮に奉仕する神人達により神伝の武術が伝えられ、後世全国に広がりました。

全剣連杖道の基となった神道夢想流杖術も、鹿島の武術の祖・松本備前守政信の新當流の流れを汲む櫻井大隅守吉勝の弟子である夢想権之助勝吉により創始されたものです。

夢想権之助は、新當流の極意を得た後、江戸へ出て数多くの試合をし、負けたことがありませんでした。ところがある時、宮本武蔵との試合で負け、山に籠って艱難辛苦の修行を重ね、神示を得てさらなる工夫を積み、棒をもって武蔵に勝ったと伝えられます。なお、この口承については、いずれ機会を見て詳しく考証したいと思っています。

ここで注意をしてほしいのは、本来夢想権之助は新當流の剣の達人であったことです。それが武蔵に負けることにより、己れの剣の長短を見直し、他流の特性も学んだはずです。その上で新當流の棒に工夫を加え、武蔵の剣に勝つ利を見出したはずです。

ということは、当然神道や山岳修験などの理解もなくして夢想権之助の術技を正しく理解することは不可能と言えます。もちろん神道といっても、明治時代以降、軍国主義に利用された国家神道ではありません。惟神《かむながら》の道としての神道です。

また、歴史的に日本武術には仏教、特に密教や禅が強い影響を与えました。加えて、武士社会の一般教養として道教的素養もあり、陰陽五行の理解もありました。宮本武蔵がその著『五輪書』で陰陽の足使いについて述べているのは、周知の通りです。

なお、神道夢想流の幕藩中期以降の伝書において、冒頭は神道の伊弉諾《いざなぎ》、伊弉弥《いざなみ》による国造りの故事、文中に「五常を守れ」「九思一言を思うべし」とか、「卞和《べんか》の玉」「張良《ちょうりょう》や樊噲《はんかい》」等儒教の教えや中国の故事に関する言葉が出てきます。それらの素養がなければ、何を言っているかわからないでしょう。

⑷身体の学び

往昔の武士達は、それぞれ得意、不得意はあるものの、基本的には体術からさまざまな武器術まで幅広く学んでいました。また、体術という範疇ではなくても、よりよい身体の形成、あるいは維持のために寄与することを学んでいました。例えば山岡鉄舟《やまおかてっしゅう》は禅に打ち込んでいたことはよく知られていますが、実は仙道の行法も学んでいたという記録もあります。禅においても、白隠《はくいん》禅師が残した有名な『夜船閑話《やせんかんな》』で説かれている「内観《ないかん》の法《ほう》」も仙道のものです。

もちろん体術を学ぶ者は、当然骨格や筋、内蔵や神経に関する知識を持っていました。柔術の流派によっては解剖図を示しての口伝もありました。

それに引き替え、現代は武道が細分化してしまったため、現代武道は非常に狭い身体論しかもたないものになってしまいました。

現代は往昔と違い、多彩な情報過多の時代です。そのためにかえって何を学ぶべきかの選択が困難な時代になったことも、その要因のひとつと言えましょう。

とはいえ、杖道の高段者なら、神道夢想流を学んでいるはずです。そうなら、殺法や活法の一つくらいは知っていてほしい。現代武道はスポーツ化してしまったため、あまりにも生死《しょうじ》に関わることに無関心すぎるのではないでしょうか。

体術を学んでいない人は、取りあえず、人間の骨格、内臓、筋肉、血管、神経等を易しく図で示した本が多く売られていますから、一冊ぐらいは持つこと。さらに「気」について理解するには、経絡とツボを易しく図で示した本を一冊ぐらい持ってほしい。

剣を遣う側としては、切れ、刺さる武器を遣うのですから、それらの詳細を知る必要はないとも言えますが、体術の延長線にある杖遣いの者は、急所を狙って来ますから、どういう条件の時にどこを狙われるか、それを避けるかを知っておく必要があるのです。

剣同士の戦いにおいても、体術を心得ている者は、体当たりはもちろんのこと、体術の間合や角度になったら、蹴り、当て身、投げ等を用いてきます。対策を勉強しておくにこしたことはありません。宮本武蔵も『五輪書』をみると、体術の素養が伺えます。

⑸心の学び

「心」と言っても二面あります。通常は精神的なものを指し、これについては諸先哲の書あるいは諸行により学んでいただきたい。しかし、武術を学ぶ者にとって大切なのは、心理的、生理的反応という一面です。昔は「心」と言う場合、精神的な一面と心理的・生理的一面を包括して理解していました。武道の術技として考える時、精神だけでは勝てないわけで、基本的に武術における「心」で大切なのは「反応」に対する理解、体現と言えます。この理解がないと「心法」とは何かがわかりません。

人間は反応の動物です。考えてみて下さい。何も知らない老女と何十年も武道を学んだ者が、道で正面からぶつかりそうになったとします。武道家はハッと左右どちらかに避けようとします。ところが老女も同時に同じ方向に避けようとし、ぶつかりそうになるはずです。

つまり、人間は動作意念に反射的に同期反応をするものなのです。ですから、勝負の場においては、相手に同期反応を起こさせない技術が必要で、それには自身の心の在り方を深く洞察し、コントロールできねばなりません。初心者は取りあえずそういうものなのだという理解だけで可です。

沢庵禅師の『不動智神妙録』は柳生宗矩の問いに答えて与えた仮名法語ですが、巻末に「心こそ心迷はす心なれ、心に心心ゆるすな」という歌で結ばれています。この道歌については、通常は本心と妄心との関係において説かれるようですが、武術家には禅家とはまた別の解釈もできるのではないかと、私はかねがね考えています。

心に関係する事柄として「拍子」の問題がありますが、これについては別項で述べます。

⑹往昔の日本人は基礎能力が違った

生活動作の相違について

往昔の日本人と現代人の生活上の動作が極端に相違し、それが基礎運動能力の相違となっていることを一般人は理解していません。その転期をいつ頃とするかは、学術的には議論がありましょうが、私は国民の生活形態が急速に変わった、昭和三十年代以降のわが国の高度経済成長期と考えています。

一方、日本武術の特性として、古い流派の創始者は、ほとんど山中に籠って修行をしています。つまり山中における多様な生活動作と感覚が背景となっていたのです。

それらがどういうことなのか。現代人はイメージすらできなくなっていると思うので、私の経験を述べてみます。

私が六歳の小学校一年生の時、大東亜戦争が勃発。その後、戦況が悪化し、米軍機が本土に飛来するようになり、田舎に疎開したのが小学校三年生の時。最初は埼玉県の本庄でしたが、ここも危険だったので四年生の時に群馬県の三波川《さんばがわ》村という武田軍の隠れ里といわれる山中に疎開。昭和二十年の敗戦はそこで迎え、昭和二十二年に東京に戻りました。約三年半の少年時代を山中で過ごしたわけです。

疎開した地は一年を通じてほとんどよそ者の顔を見ることがない山中で、当時は全集落が自給自足の生活でした。しかも、借りた住まいは険しい山の中腹に三軒しかない小集落の蚕小屋の一角でした。したがって、小学生の私は、学校まで自分で作った草履で、約四キロの道程を行きは上級生に棒で叩かれながら山道を駆け下り、帰りは腹をすかせて山道を登って帰る毎日でした。そして学業の合間は、借りた畑の農作業や山中の森林の薪集めの手伝いや隣家のいろいろな作業の手伝いをしていました。

その結果、さまざまな道具類の使用法や動作を生活上で覚えることになりました。

具体的に列挙してみます。刃物の類いは、各種のナイフ、包丁、数種類の鎌、山刀《やまがたな》、鉈《なた》、斧《おの》等は自分で研いで使用。農具は鍬《くわ》、鋤《すき》を使い、重いものでは杵《きね》や鶴嘴《つるはし》を使い、大工道具の鋸《のこぎり》、のみ、鉋《かんな》等も生活上の道具でした。もちろん険しい山中で道路その他平坦な所がないのですから、否応なくさまざまな足遣いを覚えました。

また、当時の農作物用肥料は基本的に「肥え」といって糞尿です。それを入れた桶を天秤棒で担いで畑に運びます。腰を落としたバランス取りを覚えないと、糞尿が跳ね出て自分にかかります。腰を落とすと言えば、昔の家庭では基本的に畳の部屋の生活ですから、布団は押入れからの出し入れをする必要があり、昔は重い布団が多かったですから、腰を据えての布団の出し入れが毎日あったわけです。これだけでも下半身ができてきます。

私の場合、これらの動作が少年時の脳にすり込まれていたわけで、これが武術の動作の基礎になっていたわけです。もちろん昔の人達はもっとハードな幅広い動作経験がすり込まれていたわけですから、武術のための基礎訓練など必要がなかったものと考えられます。

しかし、現代人はほとんど私の経験の一割もしていないのですから、基礎能力がないのが当たり前なのです。

したがって、伝統的武術を真に学ぼうとしたら、単純な基礎動作から覚えねばなりません。石を遠くに放る動作経験もない者に物を投げる動作をしろと言っても知識ではわかっても、実際にはできないのが当たり前です。

「廊下を足音をたてて歩くな」と生活上躾けられて来なかった者に、すり足で歩けと言っても、なかなかできません。昔から動作を伴う事柄に関しては、「体で覚えろ」と言われました。私は私の稽古場の者だけで、既に一千人以上指導してきましたが、私がどんなに「正しいことを反復しないと身につかない」と言っても知識として持てば事足れりと考えてしまう者が多いのが実情です。

(7)気合と呼吸

武術における気合には、有声のものと無声のものがあり、武道各流派においてさまざまな相違があります。全剣連杖道の基になった古伝神道夢想流では、表と中段という段階においては有声の気合、杖の者は神道の「鳥船の行」の掛け声と同じ「エイ、ィエイ、ホー」を使い分け、打太刀は原則として「エイ」のみを使い、全剣連杖道となっても杖は「エイ、ホー」であり、打太刀は「エイ」だけです。（神道の「鳥船の行」については巻末資料を参照されたい。）

古伝神道夢想流においては、さらに陰において杖、打太刀ともに無声の含み気合による技を学ぶことになりますが、全剣連杖道は基本的に普及用ですから、有声の気合（掛け声）からしっかり学ぶ必要があります。声を出すということは、呼吸から言うと、吐くという動作です。

呼吸法に関しては、インドのヨガでは息の吐き方、吸い方を均等に学ぶことが多いようですが、わが国における宗教、武術ともに息の吐き方から学ぶ特性があります。また、仏教的呼吸法においても普通に見受けられるのは、基本的に吐く時は腹が凹み、吸う時は腹が膨らむ「順腹式呼吸」です。独特な容姿で著名な湖北の渡岸寺の十一面観音像（国宝）の腰つきの素晴らしさは、「順腹式呼吸」の極致の素晴らしさだと思います。ただ、臨済宗系の坐禅などでは、「順腹式呼吸」ではなく、次に述べる「逆腹式呼吸」が指導されるのが一般的です。

一方、武術的には「順腹式呼吸」だけでなく、吐く時に腹部を充足させる「逆腹式呼吸」が多用されます。つまり、気合をかける時は、気を丹田に下ろし、下腹部を充足させることが重要になるわけです。その訓練が丹田の形成にも寄与しますが、体勢的には棒立ちではその成果は難しく、腰を落とし鼠徑《そけい》部を広げた形が要求されます。京都東寺の講堂の五大明王像（国宝）にこの姿を見ることができます。

なお、腹を叩いて「丹田はここだ。ここに力をいれろ」という指導をされる指導者も多いのですが、初歩的にはそれでもよいとしても、丹田を実感できるようにならねば意味ありませんし、そうかと言って下腹部をコチンコチンに固くしてしまうのも如何かと思います。充足するということと固くするということは別物です。

また通常、大きな声を出して動作すると筋肉を固くしてしまうことが多いのですが、これを気を下ろす工夫を重ねると丹田中心の動作になります。

深い呼吸は胴体部のさまざまな筋肉を使うため、それが動作にも大きく影響します。

また、武術的動作との関係においては、呼吸を止めての瞬発的動作や一回の呼気（吐く気）で複数の連続動作をおこなえるようになります。さらに高度な場合は、瞬時に「順腹式呼吸」と「逆腹式呼吸」を逆転させることも可能になります。平素の稽古で工夫すべきことと思います。

⑻拍子

人間の心臓の鼓動も、歩きも、その他の動作も基本的には拍子を持っています。武術的に段階的に考えると、動作の拍子を合わせることを学び、拍子を外すことを学び、最終的には無拍子を体現するということになるのですが、初心者のうちは拍子を合わせることから学んでほしいと思います。宮本武蔵も『五輪書』で「合う拍子」と「合わない拍子」について触れています。これは、相手の意識と動作にこちらが同機反応をする場合と同機反応しない、あるいはさせないことを言っています。

また同書で「二のこしの拍子のこと」という項目がありますが、この「こし」を「腰」と読んでしまっている解説書が多く、これは術技を知らないための間違いです。この「こし」は、「越し」であり、拍子の間を越えることであり、読み方も「にのこし」ではなく、「ふたつのこし」であり、二種類の間の越え方を言っています。私は、音楽がわかる人には音符に書いて説明しますが、音符も読めない方には具体的に説明するのは難しいことです。あえて説明すると、リズム（拍子）がはっきりしているジャズの分野でいうと、リズムとメロディの関係のようなもので、「前にくって入る」やり方と「あと乗り」のやり方と思ってもらえたら近いと思います。

泉鏡花《いずみきょうか》の『歌行燈《うたあんどん》』では、能楽の宗家の甥の恩地喜多八が自分の膝を打って拍子を入れ、相手の謡の間と呼吸を息も絶えだえになるほど乱れさせるという名場面があります。武術家さながらの拍子であると言えるでしょう。

⑼陰陽五行と五大について

伝統武道を学ぶ場合、陰陽五行と五大について学ばないと、術技を理解することは難しいことがあります。

陰陽五行は、古代中国に発生した理解の在り方です。

陰陽は、すべてのものが陰あるいは陽またはそれぞれの特性を持っているという考え方で、太陽は陽、月は陰、凝縮は陽、拡散は陰、左は陽、右は陰というふうにすべてを陰陽の尺度で理解しようとするものです。日本神話においても伊弉諾（イザナギ）と伊弉弥（イザナミ）が柱を中心に右旋回（陰）し、左旋回（陽）する話が最初に出てきます。

宮本武蔵の『五輪書』においても足運びは常に陰陽陰陽、つまり右左、右左と書いています。

また、食事療法の一つにマクロビオティックという考え方がありますが、これも陰陽論を食生活に応用したものです。

五行（木・火・土・金・水）
円相を時計まわりでみるのが五行相生、星形をひとつおきにみるのが五行相克（剋）

五行（木・火・土・金・水）

これは宇宙の構成要素を木、火、土、金、水の五つの要素の特性で理解しようというものです。簡単な表をあげておきますが、これを時計回りに隣合わせで見て、「木」は「火」を生み、「火」は「土」を生じ、「土」は「金」を生み、「金」は「水」を生じ、「水」は「木」を生む、という循環の理解を「五行相生《ごぎょうそうしょう》」と言い、一つおきに見ると「木」は「土」を喰い、「土」は「水」を吸い、「水」は「火」を消し、「火」は「金」を溶かし、「金」は「木」を倒すということになり、この循環の理解を「五行相克《ごぎょうそうこく》（剋）」と言います。特にこの五行相克の考え方に基づく術技が中国武術にもわが国の武術にもあります。

こうした陰陽五行の考え方は『西遊記』や『水滸伝』の随所に見ることができます。また、五行が方位や、季節、色、さらには五臓（東洋医学でいう五臓六腑は現代医学の臓器とは違い、生命を司る働きの意味で使われている）にも対応していることも興味深いものがあります。「木」は東、春、青、肝。「火」は南、夏、赤、心。「土」は中央、土用、黄、脾。「金」は西、秋、白、肺。「水」は北、冬、黒、腎。と、されています。平安時代に宋より請来された京都の清涼寺にある釈迦如来像（国宝）は、胎内に五色の五臓があることでも有名です。

時代が下がって江戸時代には、陰陽五行はもうごく当たり前のものとして受け容れられていました。忠臣蔵の赤穂浪士の討ち入りの時には、下帯は、若者は緋縮緬、老人は白さや（紗綾）だったと言われていますが、緋（赤）は若者の血気を増し、白は老人の呼吸を補うと考えてのことと思います。また、討ち入りの時刻は寅の上刻（午前四時頃）と言われていますが、丑の陰の時が寅の陽の時に変わる頃合で、閉じ込められていた力がいよいよ動き出す時間とされています。まさに討ち入りには最適な時間と言えます。

五大（地・水・火・風・空）と五輪

もとは古代のインド哲学の考え方と言われますが、宇宙の構成要素を「地」「水」「火」「風」「空」の五つとするものです。その意味するところは次の通りと言われます。

五輪の塔

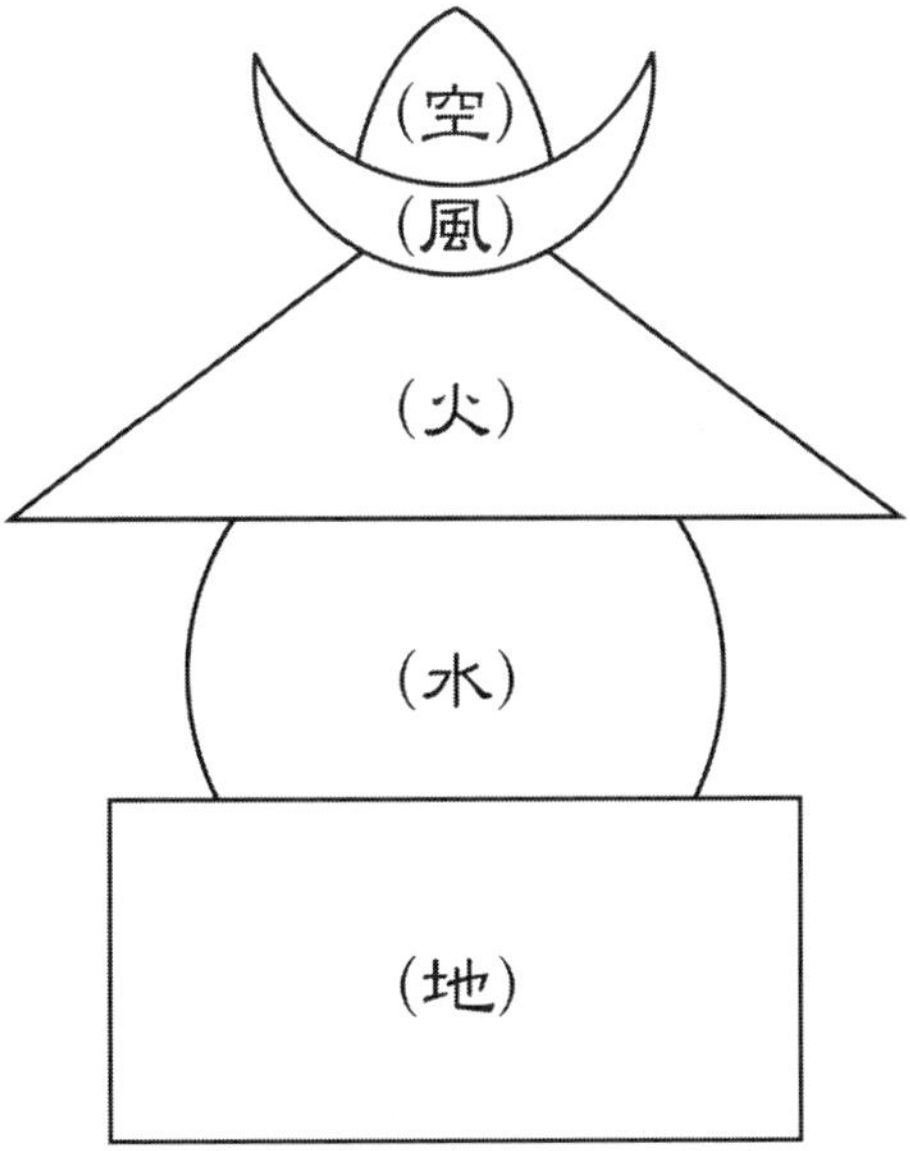

地—大地・地球を意味し、固いもの、動きや変化に対して抵抗する性質。
水—流体、無定形の物、流動的な性質、変化に対して適応する性質。
火—力強さ、情熱、何かをするための動機づけ、欲求などを表す。
風—成長、拡大、自由を表す。
空—天空（そら）のことであり、また仏教の思想の空のことでもある。

この考え方は仏教にも取り入れられ、特に密教においては「五輪」と呼ぶようになりました。人体を小宇宙に見立てて、形として表したものが「五輪の塔」で、古い墓石には五輪の塔のものが数多くあります。

日本柔術には各流派に「五輪崩し」という技があり、要するに相手を崩す技術のひとつとして知られます。神道夢想流杖術においても「五輪を打つ」という表現が出てきます。宮本武蔵は、この五大の表現を用いて各巻のタイトルとして、『五輪書』を書いたのは有名です。

付録

(1) 仏教、修験道

般若心經《はんにゃしんぎょう》（禅宗系、密教系）

觀自在菩薩《かんじーざいぼーさー》。行深般若波羅蜜多時《ぎょうじんはんにゃはーらーみーたーじー》。照見五蘊皆空《しょうけんごーうんかいくう》。度一切苦厄《どーいっさいくーやく》。舎利子《しゃりーしー》。色《しき》不異空《ふーいーくう》。空不異色《くうふーいーしき》。色卽是空《しきそくぜーくう》。空卽是色《くうそくぜーしき》。受想行識《じゅそうぎょうしき》。亦復如是《やくぶーにょーぜー》。舎利子《しゃりーしー》。是《ぜー》諸法空相《しょほうくうそう》。不生不滅《ふーしょうふーめつ》。不垢不淨《ふーくーふーじょう》。不增不減《ふーぞうふーげん》。是故空中無色《ぜーこーくうちゅうむーしき》。無受想行識《むーじゅーそうぎょうしき》。無眼耳鼻舌身意《むーげんにーびーぜっしんにー》。無色聲香味觸法《むーしきしょうこうみーそくほう》。無眼界乃至無意識界《むーげんかいないしーむーいーしきかい》。無無明亦無無明《むーむーみょうやくむーむーみょう》盡《じん》。乃至無老死《ないしーむーろうしー》。亦無老死盡《やくむーろうしーじん》。無苦集滅道《むーくーしゅうめつどう》。無智亦無得《むーちーやくむーとく》。以無所得故《いーむーしょとくこー》。菩提《ぼーだい》薩埵《さったー》。依般若波羅蜜多故《えーはんにゃはーらーみーたーこー》。心無罣礙《しんむーけいげー》。無罣礙故《むーけいげーこー》。無有恐怖《むーうーくーふー》。遠離一切顛倒夢想《おんりーいっさいてんどうむーそう》。究竟涅槃《くーきょうねーはん》。三世諸佛《さんぜーしょぶつ》。依般若波羅蜜多故《えーはんにゃはーらーみーたーこー》。得阿耨多羅三藐三菩提《とくあーのくたーらーさんみゃくさんぼーだい》。故知般若《こーちーはんにゃ》波羅蜜多《はーらーみーたー》。是大神咒《ぜーだいじんしゅー》。是大明咒《ぜーだいみょうしゅー》。是無上咒《ぜーむーじょうしゅー》。是無等等咒《ぜーむーとうとうしゅー》。能除一切苦《のうじょいっさいくー》。眞實《しんじつ》不虚《ふーこー》。故說般若波羅蜜多咒《こーせつはんにゃはーらーみーたーしゅー》。卽說咒曰《そくせつしゅわつ》。揭諦《ぎゃーてい》。揭諦《ぎゃーてい》。波羅揭諦《はーらーぎゃーてい》。波羅僧揭諦《はらそうぎゃーてい》。

菩提薩婆訶《ぼーぢーそーわーかー》。般若心經《はんにゃーしんぎょう》。

坐禅

鎌倉時代以降、禅宗に帰依し参禅を続けた武士は枚挙に暇がありません。また、武芸者が剣の妙技の開眼と参禅による開悟を結びつける話も数多く伝えられています。柳生新陰流の兵法家伝書の『活人剣・殺人刀』などは文中に禅の古典の言葉が引用されているだけでなく、そもそも表題そのものが禅の公案から取られています。近代の山岡鉄舟の参禅もよく知られているところです。禅についての講座や叢書が編まれる時は、必ずといってよいほど「禅と武士道」あるいは「禅と武道」という一章が割かれます。

しかし、禅は書物の知識だけで分かるものではなく、必ず正師《しょうし》の下で鉗鎚《けんつい》を受けてはじめて身に付くものです。坐禅の経験の無いものには全く語れぬ世界です。日本の禅宗は大別して、公案を学人に工夫させる臨済宗系（白隠禅）と只管打坐の曹洞宗系（道元禅）の修行の伝統があります。他に、江戸初期に伝わった黄檗宗もありますが、修行の仕方は臨済宗とほぼ同じです。いずれもその基本となる坐禅は、先ずは調身・調息・調心から始まります。身（坐相）を調え、呼吸を調え、そして心を調えることができないと坐禅にはならないとされています。

天台の『小止観』や『坐禅儀』などに詳述されている通りです。

禅の師家方からはお叱りもあろうとは思いますが、坐禅は武術を学ぶ上でも、身体論的に大切なヒントを秘めています。直心影流の達人でもあられた大森曹玄《おおもりそうげん》老師は「昔は両国橋を一息で渡れなかったら武芸者の端くれとは言えなかった」と語られたそうです。調息は丹田からの深い呼吸が理想とされますが、静かに長く深い呼吸は調身がしっかりできないとなかなかうまくいきません。先に私が腰の入れ方について述べたことを参考にしていただけたらと思います。腰を入れると言ってお尻を突き出すのではなく、前に下腹を突き出すようにして骨盤から内側にすうっと入れると、臍の穴と鼻孔が向き合う形となります。こうして腰が決まれば、背骨も自然と真っ直ぐになり、胸を張らずにゆったりと坐れば、呼吸もずっと楽になるはずです。こうした坐相がしっかり身に付くようになったら、今度は立って足は四股立ちにして両手を斜め下方に開いて静かに呼吸をしてみて下さい。これが立禅です。よく知られている站椿功《たんとうこう》のような姿だけが立禅ではありません。四股立ちの立禅が十分にできるようになれば、これに手足の動きを伴えば、日本の古武道の基本の動作となり、中国武術の基本の動作にもなります。

また、坐禅によって培われた道力を禅定力《ぜんじょうりき》（定力）といい、特に臨済宗系では大切にします。神道夢想流の白石範次郎先生は、博多の聖福寺の東瀛《とうえい》老師と懇意で、参禅をよくされたといいます。その東瀛老師は、小僧さんや雲水に対して、お茶を出す時も庭を掃く時も、常に「須弥山《しゅみせん》を抱え出すような心持ちでせよ」と、いちいち注意されたそうです。須弥山とは仏教宇宙観の世界の中心にある大山です。茶碗一つ差し出すにも、禅定力で須弥山を動かすようにしろということです。これが「動中《どうちゅう》の工夫」とか「せぬ時の坐禅」と喧しく言われるもので、白隠禅師は「動中の工夫は静《じょう》中《ちゅう》の工夫に勝ること百千億倍す」と言われています。武術の稽古においても坐禅から学ぶことは少なくはありません。

最後の調心は坐禅のもっとも肝心なところで、調心から深い禅定にまで入って坐禅となりますが、その時、坐禅している自己を自ら問うことから参禅が始まるとも言われています。

仏としての坐禅、また自己が仏であることを悟る坐禅については、臨済宗と曹洞宗の僧堂を真摯にお尋ねいただきたいと思います。

白隠禪師坐禪和讃《はくいんぜんじざぜんわさん》（臨済宗系の坐禅会でよく用いられるが、調子がよい名文なので覚えてほしい）

衆生本來佛《しゅじょうほんらいほとけ》なり。　水《みず》と氷《こおり》の如《ごと》くにて、
水《みず》を離《はな》れて氷《こおり》なく、　衆生《しゅじょう》の外《ほか》に佛《ほとけ》なし。
衆生近《しゅじょうちか》きを知《し》らずして、　遠《とお》く求《もと》むるはかなさよ。
譬《たと》へば水《みず》の中《なか》に居《い》て、　渇《かっ》を叫《さけ》ぶが如《ごと》くなり。
長者《ちょうじゃ》の家《いえ》の子《こ》となりて、　貧里《ひんり》に迷《まよ》ふに異《こと》ならず。

六趣輪廻《ろくしゅりんね》の因縁《いんねん》は、　己《おのれ》が愚痴《ぐち》の闇路《やみじ》なり。
闇路《やみじ》に闇路を踏《ふみ》そへて、　いつか生死《しょうじ》を離《はな》るべき。
夫《そ》れ摩訶衍《まかえん》の禅定《ぜんじょう》は、　称歎《しょうたん》するに餘《あま》りあり。
布施《ふせ》や持戒《じかい》の諸波羅蜜《しょはらみつ》、　念佛懺悔修行等《ねんぶつざんげしゅぎょうとう》、
其《そ》の品多《しなおお》き諸善行《しょぜんぎょう》、　皆《みな》この中《うち》に帰《き》するなり。
一座《いちざ》の功《こう》をなす人《ひと》も、　積《つ》みし無量《むりょう》の罪《つみ》ほろぶ。
悪趣《あくしゅ》いづくにありぬべき、　浄土即《じょうどすなわ》ち遠《とお》からず。
辱《かたじけ》なくも此《こ》の法《のり》を、　一《ひと》たび耳《みみ》にふるる時《とき》、
讃歎随喜《さんたんずいき》する人《ひと》は、　福《ふく》を得《う》ること限《かぎ》りなし。
況《いわ》んや自《みずか》ら回向《えこう》して、　直《じき》に自性《じしょう》を證《しょう》すれば、
自性即《じしょうすなわ》ち無性《むしょう》にて、　すでに戯論《けろん》を離《はな》れたり。
因果一如《いんがいちにょ》の門《もん》ひらけ、　無二無三《むにむさん》の道直《みちなお》し。

無相《むそう》の相《そう》を相《そう》として、
行《ゆ》くも歸《かえ》るも餘所《よそ》ならず。
無念《むねん》の念《ねん》を念《ねん》として、
謠《うと》ふも舞《も》ふも法《のり》の聲《こえ》、
三昧無礙《ざんまいむげ》の空《そら》ひろく、
四智圓明《しちえんみょう》の月《つき》さえん。
此《こ》の時何《ときなに》をか求《もと》むべき、
寂滅現前《じゃくめつげんぜん》するゆゑに、
當所卽《とうしょすなわ》ち蓮華國《れんげこく》、
此《こ》の身《み》卽《すなわ》ち佛《ほとけ》なり。

四弘誓願《しぐせいがん》（宗派により語句が相違）

衆《しゅ》生《じょう》無《む》邊《へん》誓《せい》願《がん》度《ど》。
煩《ぼん》惱《のう》無《む》盡《じん》誓《せい》願《がん》斷《だん》。
法《ほう》門《もん》無《む》量《りょう》誓《せい》願《がん》學《がく》。
佛《ぶつ》道《どう》無《む》上《じょう》誓《せい》願《がん》成《じょう》。

延命十句観音經《えんめいじっくかんのんぎょう》

觀世音《かんぜーおん》。南無佛《なーむーぶつ》。與佛有因《よーぶつうーいん》。與佛有縁《よーぶつうーえん》。佛法僧縁《ぶっぽうそうえん》。常樂我淨《じょうらくがーじょう》。

朝念觀世音《ちょうねんかんぜーおん》。暮念觀世音《ぼーねんかんぜーおん》。念念從心起《ねんねんじゅうしんきー》。念念不離心《ねんねんふーりーしん》。

祓《はらい》(密教・修験道系)

天清淨《てんしょうじょう》。地清淨《ちしょうじょう》。内外清淨《ないげしょうじょう》。六根清淨《ろっこんしょうじょう》。心性清淨《しんしょうしょうじょう》にして諸《もろもろ》の汚穢《けが》れ不淨《ふじょう》なし我身《わがみ》は六根清淨《ろっこんしょうじょう》なるが故《ゆえ》に天地《てんち》の神《かみ》と同體《どうたい》なり。諸《もろもろ》の法《ほう》は影《かげ》の像《かたち》に隨《したが》うが如《ごと》く爲《な》す處行《ところおこな》う處《ところ》。清《きよ》く淨《きよ》ければ所願成就福壽窮《しょがんじょうじゅふくじゅきわま》りなし。最尊無上《さいそんむじょう》の靈寶《れいほう》。吾今具足《われいまぐそく》して意清淨《こころしょうじょう》なり。

九字密法《くじみっぽう》(密教・修験道系)

九字の始まりは、東晋の葛洪《かっこう》の『抱朴子』にある「臨兵闘者皆陣列前行」という六甲秘祝という呪文だと言われていますが、葛洪は道家の人で、仙道の大家として知られています。道教からの九字は日本に伝わると陰陽道、密教、修験道に取り入れられ護身法として用いられて来ました。九字の文字もいつしか日本では「臨兵闘者皆陣列在前《りんぴょうとうしゃかいじんれつざいぜん》」（「陣」と「列」は宗派や法脈により文字の違いがあります）となり、今日まで修験道を中心に九字護身法または九字密法と呼ばれて修行者に伝授されて来ました。九字の一音一文字ごとに印相も定められています（印相は宗派や法脈により違いがあります）。

ただ、密教や修験道ではかなり人口にも膾炙しているものの一つで、歌舞伎十八番の『勧進帳』（天保十一年初演）の中では武蔵坊弁慶と富樫左衛門との有名な山伏問答で、「九字の大事は深秘にして語り難き事なれど、疑念の晴らさんその為に、説き聞かせ申すべし。その九字の真言といっぱ、所謂、臨兵闘者皆陣列在前の九字なり。将に切らんとする時は、正しく立って歯を叩く事三十六度、先ず大指を以って四縦を書き、後に五横を書く。その時、急々如律令と呪する時は、あらゆる五陰鬼煩悩鬼、まった悪鬼外道死霊生霊、立所に亡ぶる事霜に熱湯を注ぐが如く、実に元品の無明《むみょう》を切るの大利剣、莫耶《ばくや》が剣もなんぞ如かん」という、弁慶の長口舌の名台詞によって江戸庶民にとってはとりわけ親しみやすいものでもありました。早九字の切り方などは、私が加藤圓俊先生から授かった伝とはかなり違いますが、山林抖藪《さんりんとそう》の山伏にとって九字密法は無くてならぬものだったことが分かります。武芸者も山中での修行には伝統的に当然これを知っていなければならなかったはずです。

この九字密法が現代の武道界から姿を消してしまったかというとそうでもありません。実は乙藤市蔵先生が晩年に心臓の手術で入院されていたことがあります。ベッドに横になったままの状態でほとんど手足を使わなければ、大脳の働きまで弱ってしまわれるのではないかと、お見舞いの折に心配して申し上げたことがあります。大脳と手足の運動が密接な関係にあることは久保田《くぼた》競《きそう》博士の研究でもよく知られていることです。

その時、先生は布団から手を出されて、さっと九字の印相を結ばれたのです。九字の印相は宗教的な意味を取り外しても、複雑な指の運動として大脳を活性化し、身心に微妙な変化と活力を与えるのです。これは九字に限らず実際に仏像に見るような印を結ばれた方なら、実感できることです。「九字をご存じだったのですか」と伺うと、「難しい意味は知らないが、昔、師匠から教わってね。こうしていると、体の調子もいいようだから、時々内緒でやっています。ただし、誤解する人もいるから、こっそりやっています」というお返事でした。その時、こういうことは内緒ではなく、ぜひとも若い人々にも伝えておいていただきたいと思ったものです。乙藤先生はその後、見事に復帰され後進の指導に当たられ、九十九歳の天寿を完うされました。

山林抖藪や瀧行などの時には九字密法はもちろん宗教的な意味も必要ですし、ましてや興味本位に他人に対して安易に九字を切るようなことも厳に慎まなければなりません。しかし、日常生活においては身心の感覚を研ぎ澄ます先人達の智慧としても活用してもらいたいものです。私の指導する道場では、鋭敏で繊細な感覚を養ってもらうための一助として、九字の印相を取り入れた呼吸法を実践しています。

臨《りん》兵《ぴょう》闘《とう》者《しゃ》皆《かい》陣《じん》列《れつ》在《ざい》前《ぜん》

それぞれ印相を覚えてほしいが、取りあえずは「早九字《はやくじ》」の仕方を述べます。

臨《りん》　普《ふ》賢《げん》三《さん》昧《ま》耶《や》印
兵《ぴょう》　大金剛輪《だいこんごうりん》印
闘《とう》　外《げ》獅《じ》子《し》印
者《しゃ》　内《ない》獅《じ》子《し》印
皆《かい》　外《げ》縛《ばく》印
陣《じん》　内《ない》縛《ばく》印
列《れつ》　智《ち》拳《けん》印
在《ざい》　日輪《にちりん》印
前《ぜん》　隠形《おんぎょう》印

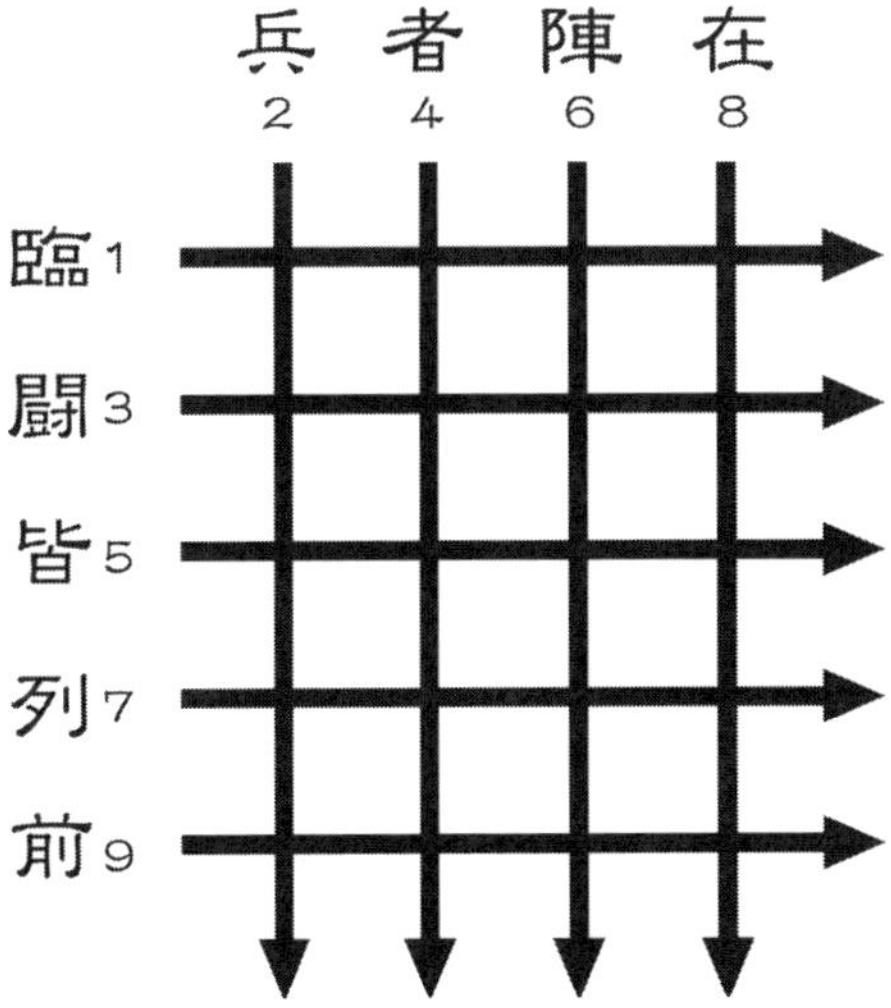

図のように、「臨《りん》」と言いながら刀印で横に切り、「兵《ぴょう》」と言いながら縦に切り、あとは順次、横、縦、横と続け、「前《ぜん》」になったら、中心に向かって「エイッ」と打ち込む。

「武術伝書によく記載される真言の一部。（音の表記は宗派や法脈により違いがあります）」

大日如来　オンアビラウンケンソワカ
　　　　　オンバザラダドバン

不動明王　ノウマクサンマンダバーサラダンセンダーマカロシアダソワタヤウンタラタカンマン

摩利支天　オンマリシチリエイソワカ

光明真言　オンアボキャベイロシャノウマカボウダラマニハンドマジンバラハラバリタヤウン

⑵神道

天《あめ》の鳥船《とりふね》の行《ぎょう》

「天の鳥船の行」は、本来は神道の禊祓《みそぎはらへ》（水行）の前に行じられるものです。

いろいろやり方がありますが、筆者がご指導いただいた神道の川面凡児《かわつらぼんじ》系の行を伝えた、東京の鐵砲洲稲荷神社《てっぽうずいなりじんじゃ》の中川正光宮司《なかがわまさみつぐうじ》の方法の一部を紹介しておきます（『神道の呼吸法』中川正光・六然社刊）。

「第一」には、左脚を前に踏み出し、両手を握って、前方の下に突き出す。その突き出すときに、「イエッ」。次に上に上げてから、肩に引くときに「エイッ」の気合で、連続反復するのである。

やがて、道彦《みちひこ》（禊祓《みそぎはらへ》の先達・指導者）の合図にて、直立の姿勢となり瞑目して、「祓戸《はらへど》の大神《おおかみ》」の御名を称へつつ、振魂《たまふり》をする。お祓ひのお願ひをするのである。

「第二」には、右脚を前に踏み出し、両手を握って、前下方に突き出すこと、「第一」のときには「エ「第一」のときと同様にする。但し、突き出すときは「ホー」と叫び、両手を上に上げてから、引くときには「エィィッ」の気合に変る。

また、直立して、振魂を行なふときは、「御祖《みおや》の大神」の御名を奉称する。永遠の生命の自覚をするのである。

「第三」には、左脚を踏み出し、両手を下に突き出す。このときに、「エッサ」と叫び、手の掌を開く。両手を上に上げて、引くときには、手の掌を握って、「エッサ」と叫ぶ。道彦の指導にて、川面凡児先生の禊の歌で拍子をとる。

「朝夕に、神のみいづ（稜威）に禊する、身はとこしへに、真幸くありこそ」

次にまた、「エッサ」「エッサ」と掛声をかけて鳥船をして、また、道彦の指導で、川面凡児先生の御歌を称へる。

「天津神《あまつかみ》、国津神《くにつかみ》たち、みそなはせ、思ひたけびて、我《あ》が為す業《わざ》を」

また、「エッサ」「エッサ」と拍子をとって鳥船をする。

次に、直立して、振魂をするときには、「産土《うぶすな》の大神」の御名を奉称する。天地の御恵みに生かされていることを、自覚するのである。

なお、中川正光先生は九十九歳で帰幽されるまで、この「天の鳥船の行」の後に「禊祓《みそぎはらへ》」の水行を欠かされませんでした。そしてさらに神道の呼吸法である「息長《おきなが》の呼吸」（石上神宮《いそのかみじんぐう》に伝承された石上鎮魂法）の御魂振りを修されました。

神道の「禊祓」と「息長の呼吸」に実参されたい方は、神社本庁にお尋ね下さい。

あとがき

宮本武蔵の名前を知らない日本人はいないと思います。現代の小説や映画での宮本武蔵や付随する出来事は史実としては信頼できなくとも、一人の剣客としての名は江戸時代から今日までさまざまに語り継がれ、その人物、伎倆についての評価も実にさまざまです。その武蔵にこだわった一人の武芸者の名を夢想権之助勝吉と言います。

夢想権之助は残念ながら生没年も出生地も身分も不詳で、夢想（無双とした記録もあります）はいわゆる名字ではなく、恐らくは自称他称の名乗りだったのでしょう。黒田家に召し抱えられたという伝承も、何代か後の弟子達の活躍に敷衍《ふえん》した後世の付加に過ぎません。ただ、信頼に足る史料からわずかに伺えることは、櫻井大隅守吉勝から印可を受けたらしいことと、宮本武蔵と対戦したらしいことだけです。宮本武蔵との勝負の事がなければ歴史に名をとどめることはなかったかもしれません。最も古い記述は『海上物語』（鈴木《すずき》正三《しょうさん》の高弟の慧中《えちゅう》の著作）ですが、そこに登場する権之助は棒杖の遣い手としてではなく、剣（武蔵との勝負では権之助は四尺余りの木刀）をもって武蔵に挑んだ巡国の武芸者の姿でした。その後、権之助に関する記録は杳として歴史の中からかき消えてしまいます。

その名前が、再び確実に陽の目を見るのは、権之助自身ではなく権之助の弟子達がその教えを伝えて来たからに他なりません。権之助より四代に当たる樋口半右衛門が残した真道夢想流棒術（今日の神道夢想流杖術の源流）の伝書は疑いなくその「伝燈」を示しています。初めは当時の武術の伝統として剣を中心にしながら棒杖術なども学んだであろう権之助の流れは、いつしか剣術から棒術に、その表（実は剣の裏として）の武術の名乗りを変えています。

伝承では、武蔵に敗れた権之助は、その後、野に臥し山に伏しての艱難辛苦の修行を重ね、宮本武蔵に挑み、遂に勝ちを制したと言われています。私が神道夢想流を追求する過程で、今日の古伝の神道夢想流杖術から、考えられる限りより実戦的な棒杖の技をさまざまに考証し勘案したところでは、それは『五輪書』等に見える武蔵の剣をどう防ぎ、どう戦い、どうして勝ちを制するかという技の工夫に帰結しました。このことは、史実としては立証し難いことですが、私はやはり今日の神道夢想流の流祖は夢想権之助であると疑うことはできません。あるいは、権之助に棒術の精進を勧めたのは、他ならぬ武蔵その人であったかもしれないとの思いを巡らせてもいます。

夢想権之助は杖を極めました。それはまた剣をも極めたことに他ならないと思います。その夢想権之助の棒術が、今日の神道夢想流杖術となり、さらには全日本剣道連盟杖道の基となったのです。

全剣連杖道の基となった神道夢想流杖術とは、どのような古武道なのでしょうか。それに答えるべく乙藤市蔵先生の晩年に、乙藤先生膝下の波止成徳《なみとめしげのり》、伊橋典之《いはしのりゆき》、篠原武《しのはらたけし》、冨永彰三《とみながしょうぞう》の四高足の協力を得て、乙藤先生の監修（形の撮影時には乙藤先生がすべて立ち会われ、細部にまで直接注意をされました）の下、私が編著者として世に問うたものが、『天真正伝　神道夢想流杖術』（壮神社刊）でした。同書は幸いに江湖《ごうこ》から好意をもって受け容れられましたが、それはまた私にとっては新たな宿題をいただくことともなりました。上梓した平成六年十月に太宰府で開催された神道夢想流杖道振興会主催の「第三十二回全国杖道大会」の前夜の懇親会の席上で、清水隆次先生門下の高足である廣井常次《ひろいつねつぐ》範士が乙藤先生に対して次のような讃辞を表されたことは忘れられません。「乙藤先生、この度は良い本を作って下さり、おめでとうございます。我々は元の形を知るすべがなかったのですが、これで知ることができます。今日参会されている皆さんも、是非この本で元の形を知り、勉強して下さい」と挨拶されましたが、私は正直驚き、廣井範士の真摯な追求の姿勢に敬服もいたしました。

その後、全剣連杖道をやはり清水門下の高足である米野光太郎《よねのこうたろう》範士の監修の下で私がもう一度まとめ直すという機会を得て上梓したものが、『全日本剣道連盟「杖道」写真解説書—改訂　杖道入門』でした。当時、米野範士は東京都剣道連盟の杖道部会会長という重責を担われておられました。杖道部会会長に就任されるに当たり、実行責任者である杖道部会理事長を退かれる折には、「将来のことを考え、後はお前に任せる」とまでおっしゃり、真っ先に私を後任の理事長に推挙下さったのも米野範士でした。これは東京都剣道連盟杖道部会における組織的な在り方、東京における今後の清水門下の在り方を含めての米野範士のお考えによるものでした。

そうした信頼関係があったゆえか、米野範士の対外的な神道夢想流としては最後の演武となった平成九年十二月の当時日本古武道振興会会長であり立身流兵法宗家であられた加藤高先生主催の「立身流演武大会」での招待演武、翌年平成十年二月の日本古武道協会主催の「第二十一回日本古武道演武大会」では、いずれも米野範士の打太刀、私の仕杖で演武させていただきました。

米野・廣井両範士は清水門下の先輩であり、昭和三十年代にはよく稽古をつけていただき、何かとお世話にもあずかりました。時に後輩の私が呈する苦言にも、「またお前は」と笑いながらも先輩としてしっかり受け止めて下さいました。清水先生亡き後、三年の喪に服した私が、乙藤先生に再参するのを快く送り出して下さったのも両範士でした。

そうした親しさもあって、『改訂　杖道入門』の監修をお願いした折、先の廣井範士の発言を米野範士にお話ししたところ、米野範士は「そうだ。清水先生に習い始めた頃には『昔はもっと腰を落としていた』とよく言われた。清水先生は『それでは太刀に切られてしまいますよ』とも言われたね。太刀の構えも最初の頃は今よりもっと高く構えたんだ。松井君、そういうことを解説するのには、お前が最適任者なんだから、そのうちひとつ整理してまとめてみてくれよ」と言われましたが、これもまた私には大変な宿題となりました。本書ではそれに対する幾分かの回答も用意したつもりですが、米野範士は平成十九年に惜しくも逝去され、親しくご批判をいただけないのは残念でなりません。米野範士の後、私が杖道部会会長となりましたのも、先の米野範士からの杖道の将来についての委嘱を受けてのことでした。

清水門下の高足として多年に亙り警視庁で杖道を指導されて来られた米野・廣井両範士が、従来の稽古体系や指導方針などのお立場を超えて、奇しくも言われた「元の形」そして「昔は」「切られる」とはそもそも何を意味するものでしょうか。

『天真正伝　神道夢想流杖術』は、白石範次郎先生が伝えられたものを乙藤先生が頑なまでに生涯墨守された形をまとめたものです。それはまた白石先生を育てたという吉村半次郎先生が白石先生に伝えられた形でもあるはずです。今日のところ、古流としての神道夢想流杖術はこの古伝によるほかはないのではないかとも思います。一方、『改訂　杖道入門』は神道夢想流という一流派の枠を超えて、どのような方に対しても開かれた武道として制定された全剣連杖道の形と術技を詳しく解説したものです。私の言う古伝・古流としての神道夢想流杖術と全剣連杖道とは明らかに区別されなくてはなりません。

しかし、前掲の両書が広く世におこなわれた結果、思わぬ誤解も生じてしまいました。全剣連杖道の形のうち、杖の打ち突きの所作や身体の構えを少し変えるだけで古流になると思い込む方々が、初心者の中に時として見受けられるようになったのもその一つです。写真だけで比較する限りでは、あるいはこれも已むを得ないことかもしれません。全剣連杖道を中心に考えるならば、その成立の経緯から現在の全剣連杖道が古流に連続し、乃至は遡及《そきゅう》し得るものと考えるのも当然かもしれません。全剣連杖道をより深く理解する上では、古流と区別しつつも古流の形の成り立ちを知ることも大切なことではないでしょうか。

本書においては、古流神道夢想流と全剣連杖道の大きな相違点のうち打太刀の在り方を中心に解説しましたが、その変遷は一地方に伝承された武術が中央の剣道を中心とした武道界の高嶺に踏み入る歴史であったとも言えます。先師清水隆次先生が、昭和五年に福岡から本格的に上京されて目にされた東京の武道界には明治・大正を経て教授体系が既に確立していた剣道や講道館柔道がありました。そして、翌年奉職された当時の警視庁はそうした現代武道における一方の雄であり、世俗的な権威の牙城でもありました。昭和の初めは、明治の警視庁柔術世話掛の採用をめぐる武術大会や講道館柔道の草創期の柔道家の苦悩と青春を描いた小説『姿三四郎』の世界ほどではないにしても、福岡の同郷人から見ても神道夢想流杖術が東京の警視庁において採用されるということは、今日では想像もつかないほどの一大快挙であり称讃の的であったことは間違いありません。同郷の期待を一身に受けた清水先生の神道夢想流に対する責任と普及指導についての深い苦悩もここに始まります。そうした中で、昭和八年には正式に警視庁の杖術師範となり、特別警備隊、戦後は警視庁教養課にあって、警察学校や機動隊の指導に当たられる傍ら、戦前からの民間への普及指導、古流の継承と発展に邁進されたことは今さら申すまでもないことです。

清水先生は、神道夢想流の剣遣いについて積極的に語られることはありませんでした。中山博道のように実際に神道夢想流杖術を学んだ方や、早くから神道夢想流に注目し、高弟には学ぶことを推奨した嘉納治五郎などを除いて、その武術としての実際を知らない者には、福岡の田舎から出て来た捕手の棒術の類いくらいにしか考えられなかったという時代的な誤解もあり、当時の警視庁も実戦的な護身術・捕手術としての役割に期待を寄せていたのも事実です。しかし、いちばんの理由は清水先生の謙譲の人柄がそうさせたとも言えます。神道夢想流を知ってもらうためには、中央の名士や名流の前では百万言を尽くすより、先ずは杖術がどんな武術かを杖一本で無言のうちに示すことから始めるしかなかったのです。

しかし、そんな清水先生の人格、そして神道夢想流の杖のみならず太刀遣いの特性をもしっかりと見抜いた方々が間もなく現れました。当時の警視庁の剣道には、斎村《さいむら》五郎《ごろう》、持田《もちだ》盛二《もりじ》、柴田《しばた》万策《まんさく》などの達人がひしめき、これらの師範方との親交は終生続きます。戦後の占領軍総司令部の命令で剣道が禁止されていた一時期は、剣道界の重鎮も杖道を清水先生から学ばれましたが、伊藤《いとう》雅二《まさじ》、堀口清、岡田守弘、棚谷昌美などの師範方は全剣連杖道の成立をあたたかく見守り清水先生に惜しみない援助の手を差し延べて下さいました。当時の剣道の達人の先生方は、清水先生を通して神道夢想流、そして杖道の太刀遣いをしっかりと理解されていたのでした。現代剣道とはまた違う剣の在りようを認められたのです。これを成し遂げたのは、ひとえに清水先生お一人の人格があってのことです。また、古武道界からも杖術の清水、位の清水と呼ばれ、温厚な人柄と相俟って神道夢想流を広く知らしめることとなりました。

やがて神道夢想流は昭和十五年の大日本杖道会の設立（この時から杖術は杖道として広く一般への普及をより鮮明にすることとなる）、戦後の全日本杖道連盟の設立と解散を経て、全剣連への加盟となり、今日の全剣連杖道の誕生に至りました（昭和三十一年の神道夢想流を挙げての全剣連加盟により、清水先生が設立された全日本杖道連盟は、その後先生ご自身により解散された）。

昭和三十一年の全剣連への杖道の加盟、そして昭和四十三年に全剣連杖道形が制定されましたが、清水先生が全日本杖道連盟を解散し、杖道の普及を全剣連に全面的に依拠した時、最も強く反対されたのが、警視庁師範室の親友であった堀口清先生（剣道範士）だったことは意外と知られていません。杖道をよく理解されていた堀口先生は「剣道の影響下にあっては、杖道の剣遣いが変わり、結果として杖の用法も変わる」と、強く危惧されてのことでした。堀口先生のご心配は、清水先生が退官された後の警視庁での杖道の稽古に徐々に見受けられるようになりました。清水先生が杖道の太刀遣いについて積極的な発言を控えられて来たこともあり、杖道の太刀遣いが現代剣道の理解の影響を強く受けるようになったのです。その結果、堀口先生の言われたように、太刀遣いの変化は杖の用法にも影響し始めました。教え子達の警視庁内部での将来の立場を、晩年の清水先生が慮られたということもあったのかもしれません。

しかし、清水先生は、警視庁退官後はようやく全国的に認知された全剣連杖道の普及を生涯の願いとしつつも、むしろ古流としての神道夢想流は白石範次郎先生から授かった元の形に少しずつでも戻そうとされていたと考えられます。昭和四十四年に全剣連杖道形が清水先生と乙藤先生によって公開演武された頃から、福岡にあっては乙藤先生は意識的に古流を白石先生の古伝に戻されましたが、その間、清水先生は乙藤先生の古伝への回帰に対して批判めいたことは一切言われなかったのです。それどころか清水先生ご自身も古伝への回帰を試みようとされていて「これからは本当の

全剣連杖道形を演武する清水隆次(右)、乙藤市蔵両範士
(昭和50年5月、第23回京都大会にて)

ことを教える」と言われていたとも仄聞しています。そして古い弟子達をもう一度集めようとお考えでしたが、ついに適わず他界されました。清水先生が「本当のことを教える」と言われたその内容は判りませんが、最晩年の練武館後期の弟子である松崎秀樹氏(現浦安市長)が「左貫」を習った時、剣の突き方を元の古流の平突きに直されたことから類推すると、元の古流に原点回帰することを先生も強く望んでおられたのではないかと思います。

　私は乙藤先生に再参してから、乙藤先生から「清水先生には恨みがあるとよ」と詰め寄られ、全身が凍り付く思いをしたことがあります。乙藤先生の恨みとは、清水先生が杖道普及の過程の中で古伝の神道夢想流杖術までを、現代剣道の理解の下に解釈することをやむなく一部に容認されたことに尽きます。一方、乙藤先生も全剣連杖道は最後まで大切にされて、清水先生の普及活動を支えて来られました。清水先生没後に、全剣連杖道形をお二人で初めて公開演武された時のことに触れて、「此の演武中に清水先生が、従来の杖を都合よく替えて居られた所を、大体知ることができました。これが後々、良い知識となりました。」（『杖で天下を取った男』）と乙藤先生は述べられていますが、これは決して表面的な批判の言葉ではなく、清水先生の杖道普及と全剣連杖道成立に生涯を捧げられた言い尽くせぬご苦労に対する最大の理解者の慟哭でもあり、白石先生亡き後、高山喜六、清水隆次、乙藤市蔵の三人で杖道の新しい在り方を模索され続けた一つの結論であったのかもしれません。清水先生と乙藤先生は同じ古伝を学び、遥かなる地平の両端に立って、互いの杖と剣を敬意の眼差しの中で無言で見つめ合っていたのではなかったでしょうか。

全剣連杖道成立の後、長島末吉先生（剣道範士）は全剣連杖道委員長を務められていた時、「剣道連盟に属したとはいえ、杖道は経緯が違うのだから、杖道としての主義主張があってもよい」とおっしゃって下さり、心強く思ったことがあります。この本は清水先生の原点回帰のお心と、真の杖道の理解者でもあられた堀口清先生、長島末吉先生のお心に添うにはどうしたらよいかという問いに対する、私の一つの回答でもあります。

私が神道夢想流杖術の清水隆次先生に入門したのは昭和三十年のことです。その時のことは『改

訂　杖道入門』の「あとがき」にもしるした通りです。清水先生没後は、乙藤市蔵先生に再参し免許皆伝を授かりました。清水先生への三年間の服喪や仕事の多忙による中断はあるものの、杖術を中心に他流の剣術、居合、体術等々をも学んで来ました。その傍ら、自分の稽古を中心とする稽古団体「神道夢想流杖心会」を立ち上げ、会員を指導するようになってから、およそ三十有余年、徐々にふやした稽古場（団体）は関東地域で十ヵ所、遠隔地三ヵ所、指導した者は剣道連盟における行事以外でも少なく見積っても一千名を超えます。

その間、指導の在り方については試行錯誤の積み重ねでした。現代人の基礎能力のなさ、あるいは現代武道があまりにも細分化したためのカリキュラムの特性による偏向性があり、何が「当たり前」あるいは「自然な」動作であるかが少しも理解されない状態になっていたからです。

一方、私自身も一時中断していた杖術の世界に復帰した時は、知らず識らずのうちに現代の時間とノルマに追われる生活の中でガタガタになっていた己れの身心の改造を計らないことには、稽古の再開すらおぼつかないことに愕然としました。その結果、西洋医学の視点、東洋医学の視点、ヨガの視点等を学びながら身体の基本を考え直すこととなりました。大森曹玄老師が主宰されていた鉄舟会の坐禅会に参加しながら、長野の活禅寺の厳寒の行、西野流呼吸法も身に付けていきました。神道の行を伝える鐵砲洲稲荷神社の中川正光宮司の行も学び、修験道の瀧行を続けることなどで、ようやく自分なりの人間としての身心のあるべき姿の自覚を持てるようにもなりました。

そして結局帰するところは、人間学という捉え方こそが大切であり、真実の追求は流派を超えるものであるという確信を得たことです。これが武術や宗教の底に横たわる学びの基本ではないかということでした。

本書は、杖道の打太刀を説きつつも、私のそうした学びの延長線における後進に対する重要な示唆を易しく述べたつもりです。杖道の打太刀に関する部分は、月刊『剣道時代』(平成二十二年一月号~四月号)に連載したものに、加筆したものです。古武道に必要と思われる身心の学びについては、新たに稿を起こしました。本書には単なる知識の受け売りの部分はありません。武術は知識ではないからです。どのような高邁な知識であろうとも、実際に実感し、自覚し、体現できなければ何の意味もありません。そこから文武を超えた人間学としての大事な一歩も始まります。文中に先賢、先哲の言葉をいくつか引用していますが、私自身の言葉だけでは知識偏重の現代人には説得力がないと思って已むを得ず引用したものです。したがって、参考文献の提示は最小限にとどめました。

『典座教訓』にある道元禅師に衝撃を与えたという、景徳寺の用典座の「他は是れ吾にあらず」という言葉を、どうか一人ひとりの自戒として学んでいただきたいと思います。

また、武術、そして杖道についての私の多年の思いから、本書には通常よりも長い「はじめに」と「あとがき」を破格を承知で加えさせていただきました。全剣連杖道の打太刀の術技の解説を通して、敢えて世に問おうとする私の真意をお汲み取りいただけたら幸いです。

通常の術技解説書とは異なり私見の多い本書を、雑誌連載中の企画時からご理解いただいたのみならず、出版に際しての内容の大幅な加筆や期日の遅延をお許しいただいた体育とスポーツ出版社の橋本雄一社長はじめ、編集部の張替裕氏、伊藤幸也氏、写真撮影に当たられた徳江正之氏には衷心より御礼と感謝を申し上げます。また、本書の大幅な加筆原稿の内容整理や校正には門人の安田祖心君を煩わせ、浄書の一部は大槻潮さんにも手伝ってもらいました。その他、本書ができるまでに多くの方の眼に見えぬご協力をいただいたことに、併せて謝意を表します。

著者しるす

『神通術奥儀傳』 小野清秀　1982　大文館書店
『音楽家ならだれでも知っておきたいからだのこと　アレクサンダー・テクニークとボディ・マッピング』バーバラ・コナブル　ベンジャミン・コナブル本文イラスト　片桐ユズル・小野ひとみ訳　2000　誠信書房
『アレクサンダー・テクニークの学び方　体の地図作り』バーバラ・コナブル＋ウイリアム・コナブル　片桐ユズル＋小山千栄訳　1997　誠信書房
櫻間金記「インタビュー　能と身体」『季刊　環 vol.7』2001年10月号　藤原書店
『手のなかの脳』 鈴木良次　1994　東京大学出版会
『百万人のお尻学』 山田五郎　1992　講談社
『声の呼吸法　美しい響きをつくる』 米山文明　2003　平凡社

引用・参考文献

『天真正伝　神道夢想流杖術』　乙藤市蔵監修　松井健二編著　1994　壮神社
『全日本剣道連盟「杖道」写真解説書　杖道入門』　米野光太郎監修　松井健二編著　1997　体育とスポーツ出版社
『全日本剣道連盟「杖道」写真解説書　改訂　杖道入門』　米野光太郎監修　松井健二編著　2004　体育とスポーツ出版社
『決定版　宮本武蔵全書』　松延市次・松井健二監修　2003　弓立社
『日本剣道形解説書』財団法人全日本剣道連盟刊
『全日本剣道連盟杖道（解説）』財団法人全日本剣道連盟刊
『杖で天下を取った男』　杉崎寛　1988　あの人この人社

『日本武道の淵源　鹿島神流』　關　文威　1976　杏林書院
『鹿島神傳武術』　關　文威　2009　杏林書院
『天眞正傳　香取神道流武道教範』　杉野嘉男・伊藤菊枝　1941　神田書房
『無形文化財　香取神道流』全３巻　大竹利典　1977－1978　港リサーチ
『正傳　新陰流』　柳生厳長　1957　大日本雄弁会講談社
『新陰流道業六十年回顧録』　渡辺忠成　2008　新陰流兵法転会出版部
『剣術精義』　黒田鉄山　1992　壮神社
『居合術精義』　黒田鉄山　1991　壮神社
窪田清音「劍法初學記」「形状記」他『劔道集義』正・続　山田次朗吉編著　1968　一橋剣友会
※本には源清音名義で執筆
『活殺法の秘奥　武道医学極意　柔術整骨医法』　サイード・パリッシュ・サーバッジュー　1995　ベースボールマガジン社
『刀剣要覧　第二十二版』　飯村嘉章　2001　刀剣美術工芸社
『図解　日本刀事典』　歴史群像編集部編　2007　学習研究社

『五行大義』上・下　中村璋八・古藤友子　1998　明治書院
『神道の呼吸法　息長と禊祓』　中川正光　2006　六然社
『普勧坐禅儀講話』　西嶋和夫　1988　金沢文庫
『公案』　秋月龍珉　2009　筑摩書房
『白隠禅師　夜船閑話』　高山峻　1975　大法輪閣
『加持祈禱奥伝』　小野清秀　1929　二松堂書店

まつい・けんじ／昭和10年生まれ。明治大学文学部（ドイツ文学）卒。神道夢想流杖術は昭和30年に清水隆次に入門。清水隆次没後に乙藤市蔵に再参し免許皆伝。併伝神道流剣術のほか、浅山一伝流、無比流など諸流の剣術・居合・柔術などを学び、日本人の身体文化につき広範な視点を有す。現在、東京都剣道連盟審議員・杖道部会会長、日本古武道協会及日本古武道振興会会員、人体科学会会員、筑波大学大学院、東洋大学、金沢大学等で非常勤講師を歴任。神道夢想流杖心会主宰師範。杖道範士八段。

古流《こりゅう》へのいざないとしての**杖道《じょうどう》打《うち》太《た》刀《ち》入門《にゅうもん》**

令和6年4月25日　初版第2刷発行

著　者　松井健二
発行人　手塚栄司
発行所　株式会社体育とスポーツ出版社
135-0016　東京都江東区東陽2-2-20 3F
ＴＥＬ　03-6660-3131
ＦＡＸ　03-6660-3132
Ｅメール　eigyobu-taiiku-sports@thinkgroup.co.jp
http://www.taiiku-sports.co.jp
印刷所　新日本印刷株式会社

ISBN978-4-88458-241-8 C3075 Printed in Japan